ウェーバーの宗教観

宗教と経済エートス

Okazawa Kenichirou
岡澤憲一郎

御茶の水書房

序

マックス・ウェーバー（一八六四－一九二〇）のもっとも有名な、しかも重要な論文は、「プロテスタンティズムの倫理と資本主義の『精神』」である。本書の第一章「『近代の経済エートス』の形成——禁欲的プロテスタンティズムと資本主義——」は、この論文を、原文にそくしてできるだけわかりやすく、しかもできるかぎり正確に概観している。それをふまえて、ここでは、晩年のウェーバーが「近代の経済エートス」の形成という観点から旧論文をエートス論として補整し、再構築したことが明らかにされている。かれが自己の理解社会学を完成させたのは、死に向かう直前であった。だからやむをえなかったのだろう。「現世内的禁欲」のパラドックスを強調するあまり、社会的行為の視座から旧論文に手を入れる余裕がかれにはなかったようである。わたしはこの章の終わりで、かれの理解社会学の立場からこの点を補整してみた。

ウェーバーは、病気からようやく回復したばかりのころ、一冊の難解な本を読んで刺激をうけた。その本とは、かれより六歳年長の哲学者・社会学者ゲオルク・ジンメル（一八五八－一九一八）の『貨幣の哲学』（一九〇〇）である。ほかにもジンメルの著作は、ウェーバーの思考に大きな影響をあたえたようである。わたしは第一章で、その一端を示しているような例をいくつかとり上げた。

この第一章を先頭にして、ほかの機会に発表した三つの論文が、第二章以降を構成している。しかしいずれの章も、研究の推移を考慮して書き改められ、簡潔な表現に修正されている。

第二章「アジアの社会と宗教 —— 中国およびインドと資本主義の精神 ——」にかんしていうならば、その前半部分の原型は、日本社会学会の機関誌『社会学評論』（一〇五号）に「家産制とカースト —— マックス・ウェーバーのばあい ——」というタイトルで掲載された。それがわかりやすく書きかえられ、新たに大幅に加筆されて本書におさめられている。中国の家産制とインドのカースト制度は、合理的な「工業的資本主義」の成立を妨げただけでなく、それぞれ支配構造と社会制度として生み出した伝統的エートスによっても近代資本主義の形成を阻止した。それに加えて、儒教と道教、ヒンドゥー教と仏教などが「資本主義的エートス」の生成を不可能にした。わたしは、ウェーバーの「儒教と道教」、「ヒンドゥー教と仏教」によりながら、こうしたことを鮮明にするよう努めた。日本についてもふれた。

「古代ユダヤ教と預言者のカリスマ —— 歴史の転轍手としての『世界像』——」という第三章は、ウェーバーの珠玉の作品「古代ユダヤ教」について論じている。古代ユダヤの預言者たちによってつくり出された「世界像」は、バビロン捕囚にさいして「転轍手」として作用し、ユダヤ人たちをむしろ積極的に捕囚へと向かわせた。そのようにウェーバーはとらえた。しかし、預言者たちのカリスマによって創出されたカリスマ的エートスが古代イスラエルの人びとに共有され、かれらのなかで作動していたと仮定せざるをえない。そのエートスにふれなかったのは、かれの片手落ちであったということが指摘されている。

ウェーバーは西洋のキリスト教について叙述する計画を公表していたけれども、かれは、それを果たせずにこの世を去ってしまった。第四章「官職カリスマと宗派のエートス —— 西洋のエートス形成 ——」では、ウェーバーが構想していたであろうとおもわれる西洋のキリスト教にかんする分析が、かれの残された史実にもとづく社会学的な論考を手掛りにして再現されている。この章においても、第一章のばあいとおなじように、かれの理解社会学の立場にもとづいて、ウェーバーのキリスト教観が西洋におけるエートスの形成過程という視点からわかりやすく再構成されているはずである。

　わたしの手元にあるヘンリー・G・リデルとロバート・スコットによる『ギリシア語－英語古典語辞書』の縮約版（*A Lexicon*: Abridged from Liddell and Scott's *Greek-English Lexicon*,1982）によると、ἦθος（ethos）には、an accustomed place：つまりいつもの、あるいは慣れている場所を原義として、慣習、気質、性格などの意味がある。ウェーバーはこの言葉を『宗教社会学論集』の第一巻に数多く導入したものの、概念規定には厳しかったかれ自身が、エートスに明確な定義をあたえなかった。かれが用いているエートスという用語は、どのような意味をもっているのだろうか。本書のねらいは、その意味を明らかにしながら、ウェーバーの『宗教社会学論集』全三巻に収録されている実質的な宗教社会学的研究を、エートスの視座から読み解き、再構成するとともに、かれの未完の計画＝西洋のキリスト教についてもその全貌を示すことである。本書がいささかなりともウェーバー研究の発展に寄与できるのであれば、わたしにとって望外の喜びである。

　終わりに、わたしが本書を上梓できたのも、多くの方からご教示とお力添えをうけることができたからである。いまは亡き阿閉吉男先生に厚く感謝申し上げたい。大学院の講義ではウェーバーの社会学を、路地裏の居酒屋ではジンメルの社会学と哲学を教えていただいた。大学院のときからわたしの研究を温かく見守って下さった故佐藤智雄先生にも厚くお礼申し上げたい。いまも健筆をふるわれている、日本社会学史学会元会長の新睦人先生に感謝のおもいを捧げたい。学会ではいつも励ましの言葉をかけていただいた。プロテスタントの基本的な実践活動について、名古屋学院大学の山﨑譽雄名誉教授から貴重なご教示にあずかることができた。同大学商学部の岡田千尋教授は、わたしの発想などにかんして有意義な助言をあたえてくれた。ウェーバーの難解なドイツ語の部分については、同大学国際文化学部の山本淑雄准教授から的確な示唆をえることができた。そして校正の段階では、同大学学事課の安東真衣氏の協力をうけた。ここに厚くお礼申し上げる。

このように一冊の本に仕立てていただいた御茶の水書房の橋本盛作氏と小堺章夫氏に深謝の意を表したい。

二〇一八年秋

岡澤憲一郎

ウェーバーの宗教観

——宗教と経済エートス——

目次

目　次

第二章　アジアの社会と宗教

――中国およびインドと資本主義の精神――……43

凡例

各章における本文中のコロン：を含む（　）内のアルファベットと数字は、本書の巻末にかかげた引用文献とそのページ数を示す。

ウェーバーの宗教観

——宗教と経済エートス——

第一章　「近代の経済エートス」の形成

――禁欲的プロテスタンティズムと資本主義――

一　ベンジャミン・フランクリン

カトリックがローマ法王を頂点とするキリスト教の旧教（徒）をさすのにたいし、プロテスタントとは、カルヴァン派を含む新教（徒）の総称である。カルヴァン派は、イングランドではピューリタン（清教徒）、スコットランドではプレスビテリアン（長老派）、フランスではユグノー（誓約仲間）、ネーデルラント（オランダ）ではヘーゼン（乞食団）などとよばれた。ドイツでは福音ルター派をエヴァンゲーリシュ・ルターリシュ、福音改革（カルヴァン）派をエヴァンゲーリシュ・レフォーミアトなどといって区別する。

マックス・ウェーバーによると、カルヴィニズムは、一六世紀にはジュネーブとスコットランドを支配し、一六世紀末から一七世紀にかけてはネーデルラントの大部分を、一七世紀にはニューイングランドと、一時はイギリス本国をも支配した。その担い手は、「経済的に興隆しつつあった『市民』階級」に属する人びとだった。その当時、経済発展が進んでいた地方の宗教改革者たちが熱心に非難したのは、人びとの生活にたいする宗教と教会の支配が「多すぎることではなく、少なすぎること」(A: S.3) であった。そうだとすれば、かれらが耐えがたいと感じられていたピューリタニズムの専制的な支配をうけ入れたのは、いったいどうしてなのだろうか。そうウェーバーは、『社会科学・社会政策雑誌』に発表された一九〇四－一九〇五年 (O: S.97) の論文「プロテスタンティズムの倫理と資本主義の『精神』」(Die protestantische Ethik und der „Geist" des Kapitalismus) の第一章「問題」第一節「信仰と社会階層」の冒頭で問う。

この論文は、おなじ雑誌に掲載された「儒教」などの宗教社会学的研究とともに手を加えられ、全三巻からなる『宗教社会学論集』(一九二〇－一九二一) に収録された。正確にいえば、プロテスタンティズムの倫理にかんする論文は、ウェーバーが経済史家ルヨ・ブレンターノの後任としてミュンヘン大学に赴任した一九一九年の夏以降、おそくとも秋ころから一九二〇年の冬のあいだに、「印刷にまわす準備のために」加筆修正され (Oa: S. 675ff., Sa: p. 184)、『宗教社会学論集』の第一巻に巻頭論文としておさめられた。第一巻は一九二〇年六月七日づけで公刊されている。ウェーバーが肺炎で没したのは、その一週間後の六月一四日だから、この改定作業はかれの死の直前におこなわれたことになる。

よく知られているように、第一節につづく第二節「資本主義の『精神』」で、ウェーバーは、一〇〇ドル紙幣にその肖像が描かれているベンジャミン・フランクリン (一七〇六－一七九〇) を登場させている。かれをとり上げたのは、おそらく、つぎの二つの理由によるのだろう。何よりも第一に、フランクリンは「資本主義の精神」を典型的にあらわしていた人物であったし、特徴のある話法で、若い職人たちにそうした精神をもって働き、生きるように助言していたからである。第二に、フランクリンの生地 (マサチューセッツ) では、ウェーバーが想定しているような意味での「資本主義の精神」が、とにかく疑いなく、「『資本主義の発展』より以前に」(E: S.37) 存在していたからである。

第一の点についてみると、ウェーバーは、「時間は貨幣だということを忘れてはならない」という言葉などを引用しながら、フランクリンのうちに「信用に値する正直な人といった理想、とりわけ自己目的として前提された、自分の資本を増大させることへの関心が各人の義務であるという思考」(E: S. 33) を見出す。そこには、「一つのエートス (Ethos)」が表明されていて、このエートスの「質」がウェーバーに関心をよびおこさせる。「できるあいだはもうけようとおもう」と答えたアウクスブルクの大財閥ヤーコプ・フッガー (一四一四－一四六九) の精神とはちがって、かれのばあいには「倫理的に色彩づけられた生活態度 (Lebensführung) の格率」がみられる。ウェーバーが「資本主義の精神」という概念を用いるのは、こうした独自の意味においてである。フランクリンにみられる「独特のエートス」(E: S. 34) とはどのようなものかについては、すぐにふれることにしよう。

第二の点との関連では、つぎのような事実を見逃すわけにはいかない。すなわち、合衆国南部の植民地が大資本家によって営利を目的としてつくられたのとは異なって、ニューイングランドの植民地は、「牧師および知識人と、小市民、職人および独立自営農民たちとの結合による宗教上の理由から」(E: S. 37f.) 生まれてきたという歴史的な事実である。つまりニューイングランドは、ジェームズ一世 (在位一六〇三－一六二五) によってイギリス国教会の信仰を強制されるなどの弾圧をうけたピューリタンたちが信仰の自由を求めて、一六二〇年にメイフラワー号で渡米して築いた植民地であった。そして、ウェーバーははっきりと指摘していないけれども、フランクリンは、ピルグリム＝ファーザーズの末裔なのである。ろうそく製造職人で、「厳格なカルヴァン派信徒の父」ジョサイア・フランクリンがマサチューセッツ植民地ボストンに向かってイギリスを離れたのは一六八三年であった。その子ベンジャミン・フランクリンが二三歳でペンシルヴェニア・ガゼットを買収し、経営したのは一七二九年。翌年には、友人ヒュー・メレディスとの組合を解散し、単独で印刷業をいとなみはじめた。

「辺境の小市民的な一八世紀のペンシルヴェニアの環境」はといえば、貨幣の不足のために経済が物々交換へ崩壊する恐れがあり、大きな産業経営はほとんど痕跡さえなく、銀行もその萌芽しかみられなかった。そうしたなかで、中世であれば、道徳的にはせいぜい寛容視されたような利潤の追求といったふるまいが、どうしてフランクリンの意味における「職業」になっていったのか。それどころか、「自己目的としての営利に向けられた活動」が「称賛に値するばかりか、命じられた生活態度の内容」と考えられるようになったのは、歴史的にどのように説明しうるのか。

資本主義経済の発展「より以前に」資本主義の精神がみられたのだから、ウェーバーはカール・マルクス（一八一八－一八八三）を意識して、つぎのように強調する。「このばあい、『物質的』関係の『観念的上部構造』への『反映』について語るのは、まったくの無意味だろう。」(E: S.60) ついでながらウェーバーは、さきの「宗教上の理由から」生まれてきたという文章につづけて、「したがってこのようなばあい、因果関係は『唯物論的な』立場から真実だと断言されるのとはともかくも逆になっている」(E: S.38) とさえ書いている。「唯物論的な」立場とは、生産力を支える生産諸関係が下部構造、つまり社会の経済的な土台を形づくり、その上に法律や政治といった上部構造がそびえ立ち、しかも宗教やイデオロギーなどの社会的意識諸形態がその土台に対応する (Z: S.8) とみる社会・歴史観である。そうした唯物史観への批判はこの論文の重低音として響いているけれども、フランクリンは、唯物史観を実証的な事実によって反証するのにもっとも好都合な人物だったにちがいない。

フランクリンは政治家、外交官、物理学者として活躍したアメリカの父であり、何よりもアメリカ資本主義の揺籃期におけるリーダーにほかならなかった。ウェーバーが問題にしている資本主義とは、「近代資本主義」であり、「西ヨーロッパ－アメリカの資本主義」である。もちろん、資本主義は中国、インド、バビロンにも、古代および中世にも存在していたとウェーバーはいう。しかしそうした資本主義には、フランクリンにみられるような「独特のエートス」が欠如していた。たしかに、金銭欲は人類の歴史とおなじくらい古い。しかし、貨幣の取得は近代の経済制度のなかでは「職業」（Beruf）における有能さの結果であり、表現であって、「こうした有能さ」が、フランクリンのあらゆる著作にみられるかれの道徳の「アルファかつオメガ」となっている。そうだとすれば、フランクリンをとり上げたウェーバーの慧眼には感服せざるをえない。

ここで「資本主義以前」についてふれておけば、ウェーバーは「経済的行為」の観点に立って、合理的な「経営による資本増殖」と合理的な「資本主義的労働組織」がまだ「経済的行為の方向づけ」にたいして支配的な力にはなっていなかった（E. S. 43）という意味だと念をおしている。

二　資本主義の「精神」

では、フランクリンにみられる「独特のエートス」、つまり「資本主義の精神」とはどのようなものなのだろうか。ウェーバーは、資本主義の精神が遭遇しなければならなかったのは「伝統主義」だったとみて、その意味を労働者と企業家の側からそれぞれ明らかにしようとしている。しかしそこでは、資本主義の精神が具体的に語られている。

労働者にかんしてみると、ウェーバーは、技能的な労働や、注意力や創意を必要とするような製品の製造においては、低賃金は資本主義の発展の支柱としては役に立たないという。こうしたばあい、低賃金は利潤をもたらさず、意図したところとは反対の結果を生んでしまう。それというのも、このばあいには成熟した責任感だけではなく、「少なくとも労働のあいだに、いかにしたら最大限の怠慢と最小限の仕事で、しかもいつもの賃金がえられるかというような たえざる問いを離れて、あたかも労働が絶対的な自己目的――『職業』――であるかのように労働に従事するような信念（Gesinnung）」（E: S. 46）が一般に必要となるからである。そうした「信念」は生まれつきあたえられたものではない。この点、かれはヴェストファーレンの工場でみずからおこなった調査をふまえて、宗教教育をうけた少女（敬虔派）には、資本主義が要求するような、労働を「自己目的として、『職業』として」とらえる「考え方」がみられるという。じつは、労働者のこうした「考え方」、労働を自己目的、職業とみなしてそれに従事するような「信念」こそ、資本主義の精神の内実なのである。ほかの言葉で表現するなら、「職業義務」の観念であろう。

企業家についてみれば、経営者層の伝統主義的な「エートス」を析出するにあたって、ウェーバーは、「ベンジャミン・フランクリンの例によって明らかにされたような方法で、正当な利潤を職業（使命）として（berufsmäßig）組織的かつ合理的に追求する信念」（E: S. 49）にたいして「（近代）資本主義の精神」という表現を用いると述べている。それは、このような「信念」が近代の資本主義的な企業のうちにそのもっとも適合的な形態を見出し、他方、資本主義的な企業はこのような「信念」のうちにそのもっとも適合的な「精神的推進力」を見出したという歴史的な理由による。ここからわかるように、フランクリンの「独特のエートス」、つまり「資本主義の精神」とは、正当な利潤を「職業（使命）として」組織的かつ合理的に追求する「信念」なのである。ウェーバーによると、フランクリンは、かれの印刷工場が手工業経営と何ら異なるところがなかったころ、すでにこうした「信念」、つまり資本主義の精神に満たされていた。

『宗教社会学論集』第一巻の「緒言」（Vorbemerkung）によれば、ウェーバーにとって、純経済的には「文化の普遍史における中心的問題」は、「自由な労働の合理的組織をもつ市民的経営資本主義の成立」（E: S. 10）である。つまり、「特殊近代西洋の資本主義」がいかにして成立したのかを「因果的に」解き明かすことが、かれの最大の関心事なのである。その資本主義とは、具体的には、一八世紀の後半にイギリスで産業革命がおこり、それによって生まれた機械制大工場経営を土台とした「近代資本主義」である。

やや先取りしてしまうようだけれども、この点ウェーバーは、晩年の経済史の講義『経済史』第四章第九節のなかで、つぎのように結論づけている。「結局、資本主義を生み出したものは合理的持続企業、合理的簿記、合理的技術、合理的法であるが、またそれらのみではない。合理的信念（rationale Gesinnung）、生活態度の合理化、合理的経済エートス（rationales Wirtschaftsethos）が補足しながらつけ加わらなければならなかった。」（K: S. 302）たしかに資本主義は、制度的、技術的な条件が整っていなければ生まれなかったであろう。しかし、新しいスタイルの資本主義経済を生み出し、それを担い、動かしていくのは、人間たちにほかならないのである。その人間たちが資本主義に適合するような「合理的信念」、そうした信念につらぬかれた「生活態度」、つまりは「合理的経済エートス」をもっていてはじめて、近代資本主義は順調に生まれることができたというのが、ウェーバーの基本的な立場である。ちなみに、「資本主義的信念の発展」が第九節のタイトルであってみれば、この引用文には、エートス概念をとらえるばあいの要点が示されている。

ところで、そうしたエートスの担い手たちは、近世初頭の「向上しようと努力しつつあった産業的中産身分層」（E: S. 49f.）であって、資本家と労働者へと二極分解していく途上にある流動的な人びとであった。フランクリンのような企業家は、正当な利潤を「職業（使命）として」追求する「合理的信念」を抱いていたであろう。また労働者も、「自由な労働の合理的組織」を支えるのに適した、労働を自己目的、職業と自覚してそれにまい進するような「信念」をもっていたであろう。ウェーバーのいう資本主義の精神とは、その内実がやや異なるとはいえ、企業家にも労働者にもみられる職業にかんする「合理的信念」であり、そうした信念につらぬかれた「生活態度」、「合理的経済エートス」であるといってよい。

それにしても、イギリスで産業革命が伝統的な繊維部門や製鉄部門からはじまろうとしていた前夜に、一八歳のフランクリンが一七二四年の一二月からおよそ一年半印刷工としてロンドンで生活していたのは、何とも興味深いかぎりである。かれは、トレヴィシクやスティーヴンソンの蒸気機関車が走る姿をみることができなかったけれども、アークライトなどによる蒸気機関を動力とした紡績機の改良が進み、繊維産業が工場制による大量生産に入ったころに没している。ルター（一四八三－一五四六）と同世代のドイツの神秘主義思想家にして、印刷業者、出版者でもあったセバスティアン・フランク（一四九九－一五四二）は、もっともはやく貨幣の革命的な意義を洞察して、はじめて時間を「貴重な財宝」とよんだ（Ka: S. 707）そうである。それにたいして、時間を率直に「貨幣」だと言明したところに、フランクリンの合理的な思考と生活態度が象徴されているようにおもえる。

ウェーバーによれば、資本主義の特性に適合した生活態度と職業観が勝利をえることが可能であるためには、さしあたりそれらが明らかに成立していなければならないし、しかも、個々の孤立した諸個人のなかにではなく、「人間の集団によって抱かれたものの見方」（E: S. 37）として成立していなければならない。したがって究明すべき課題は、過去および現在において、資本主義文化の特徴的な構成要素のうちの一つとなっている「『職業』－思想」と「職業労働」への献身とを生み出した「『合理的な』思考と生活の具体的な形態」は、いかなる精神の所産だったのか（E: S. 62）ということになる。そのさい、かれが興味を向けるのは、「『職業』－概念」のうちに存在する「非合理的な要素」の由来である。不断の労働をともなう事業のために人間が存在し、その逆ではないといった生活態度は、個人の幸福の立場からすれば、まったく非合理的としかいいようがない。こうしてウェーバーは、ルターの「職業観念」の分析へと向かうことになる。

三　ルターの職業観念

カトリックの頂点に立つ教皇レオ一〇世（在位一五一三－一五二一）は、即位した年にサン・ピエトロ大聖堂（バチカン）の改築費用を調達するために贖宥状（免罪符）を売り出した。そのドイツでの販売に抗議して、ルターは一五一七年一〇月、贖宥状と魂の救済は無関係だとし、九五カ条のテーゼを発表した。宗教改革のはじまりである。かれの思想の核心は、人は信仰によってのみ救われるという信仰義認説と聖書第一主義である。かれの大きな業績の一つは、一般の信者には理解できなかったラテン語の聖書をドイツ語に訳したことだろう。

そのルターの「職業観念」を検討するにあたって、ウェーバーは第三節「ルターの職業観念――研究の課題」のはじめの個所で、つぎのように力説している。「なるほどドイツ語の『ベルーフ』おいてと同様に、おそらくなおいっそう明瞭には、英語の『コーリング』（»calling«）においても、ある宗教的な観念――つまり神からあたえられた使命という観念――が少なくともともに響いており、しかもわれわれが具体的なばあいにこの言葉に力点をおいて強調すればするほど、いっそう目立ってくるのは明白である。」（E: S. 63）つまりBerufやcallingには、日常的な世界における職業という意味のほかに、神の召命・使命などの観念が「ともに」含まれていて、この言葉に力を込めるほど、後者が顕著になってくるといいたいのである。そのさいかれは、カトリックが優勢な諸民族も、古典古代も、労働領域の意味で「職業」とよんでいる言葉と類似した傾向の表現を知らないのに、プロテスタントが優勢なすべての諸民族においては、それが存在していると指摘する。そしてかれは、そうなった原因をルターによる聖書の翻訳に求めた。

ウェーバーによると、ルターはまったく異なった二つの概念を»Beruf«と訳している。第一は、パウロが使っている言葉で、神による永遠の救いへの「召命」(Berufung)という意味である。パウロの使用例では、神のなしたまう招きという純粋に宗教的な概念が問題であって、今日の意味での世俗的な「職業」とはまったく関係がない。第二は、「シラ書」の重要な個所を「汝の労働(Arbeit)にとどまれ」とはせずに、「汝の職業に固執せよ」および「汝の職業にとどまれ」と訳している。この個所の翻訳は、ドイツ語の»Beruf«が今日の純粋に世俗的な意味で用いられた「最初のばあい」である(E: S. 66)とウェーバーは強調している。要するに、「召命」と「労働」の双方に共通の訳語としてベルーフがあてられたのであって、ベルーフが二つの意味をもつようになったのは「翻訳者の精神」に由来しているというわけである。ルター以後および現在の「職業」を意味するベルーフという言葉は、それ以前のドイツ語には存在しておらず、ウェーバーが知るかぎり、ルター以前の聖書翻訳者や説教者もそれを用いていない。

ベルーフの語義とおなじく、その思想も新しいもので、宗教改革の産物であった。ウェーバーによると、世俗的な職業の内部における義務の遂行を、道徳的な自己活動がうけうる最高の内容として重視することは、無条件に新しいものだった。これが結果として、世俗の日常労働に宗教的な意義を認める観念を生み、そうした意味での職業概念を最初につくり出した。そして、この「職業」概念のなかにこそ、プロテスタンティズムのあらゆる教派の中心的な教義が表現されているのである。

カトリックの修道士であったルターは、修道士の生活態度を無価値とみなしただけでなく、利己的な、現世の義務を果たさない愛の欠如の産物だと批判した。かれは、世俗の職業労働こそ「隣人愛」の外的な表現だと考えた。しかし、ウェーバーがみるところでは、隣人愛の基礎づけは現実離れしたもので、分業は各人を強制して他人のために労働させることだと指摘されており、アダム・スミス（一七二三－一七九〇）の有名な命題とは異様な対立を示している。世俗の職業生活の道徳的な評価が宗教改革の、したがってとくにルターの業績のうちの一つであることは疑問の余地がない。ただしウェーバーは、ルターがすでにみたような「資本主義の精神」と内面的に親和性をもっていたかといえば、けっしてそうではないとみて、つぎのように述べている。「しかし、ルター自身はますますいっそう、フランクリンにみられるような信念とのすべての親和性をまったく疑いなく否認するだろう。」（E: S. 72）この一文からは、ルターの立場が推測されるであろう。

それにしても、宗教改革そのものの成果は、カトリックの考え方とは対照的に、職業として配列された現世内的な労働にたいする道徳的な強調と宗教的なプレミアムを著しく高めたことだった。この点、イエスとパウロのばあいはどうであろうか。ウェーバーからみると、イエスの個人的な態度は、「わたしたちに今日も、わたしたちの日々のパンをおあたえください」という典型的に古代オリエント的な祈りをもって古典的な純粋さで示されている。そして「過激な現世拒否の傾向」は、近代の職業思想をかれ個人にすべて直接結びつけることを不可能にしている。一方、パウロもまた、初代のキリスト教の世代に満ちていた終末論的な期待の結果として、世俗の職業生活にたいしては無関心か、本質的に伝統主義的である。ルターもほぼ一五一八年と一五三〇年のあいだにおけるかれの展開のなかで、伝統主義にとどまっていただけでなく、ますます伝統主義的になっていった。

ルターについていえば、世俗の争いにまき込まれることが激しくなるとともに、職業労働の意義にたいする評価がますます高くなっていく。しかし、各人の具体的な職業はますます、神の特別な命令なのだから、神があたえた「この具体的な地位」を満たすべきだと考えられるようになる。ルターは、はじめは同情的だった農民戦争（一五二四－

一五二五）が農奴制の廃止など領主制を変革するねらいをもっているのを知って、鎮圧側にまわった。それ以後かれは、客観的な歴史的秩序が「神の意志の直接的なあらわれ」であるとみなすようになり、伝統主義的な色彩をいっそう強めていく。

ルターによると、各人は、神があたえた職業と身分のうちにとどまるべきで、その努力をあたえられた枠内でおこなうべきである。かれの「経済的伝統主義」は、はじめはパウロのような無関心の結果であったのに、のちには、神にたいする無条件的服従とあたえられた境遇への無条件的順応とを同一視する「摂理信仰」のあらわれとなっている。それゆえウェーバーは、「こうしてルターは、根本的に新しい、あるいはとりわけ原理的な基礎の上に、職業労働を宗教的原理と結びつけることにはけっしていたらなかった」（E: S. 77）という。ルターのばあい、職業概念は伝統主義に結びついたままであった。職業は人が「甘受し」、「順応する」べきものだとする傾向が、職業労働は「神からあたえられた使命そのもの」だとするもう一つの思想をかき消してしまった。これが、ルターの職業観念にたいするウェーバーの最後通告である。

以上のようにルターの職業観念をとらえたあと、ウェーバーは、古プロテスタンティズムの倫理と資本主義の精神の発展とのあいだの関係について研究を進めていくことになる。そのさい、かれは誤解をさけるために、つぎのように注意をうながしている。つまりわたしが、「『ピューリタン』諸宗派」の開祖や代表者たちが「資本主義の精神」の喚起を生涯の仕事の「目標」にしていたと期待しているなどというように理解されてはならない。それというのも、かれらの生涯と活動のかなめは「魂の救済」であったし、ただこれのみだったからである。ウェーバーは、宗教改革の文化的影響の多くが改革者たちの仕事の予知できなかった現象にほかならず、まさしく「意図されなかった結果」（ungewollte Folgen）であった（E: S. 82）とあらかじめ指摘している。そしてかれは、以下の研究はいかなる意味においても、けっして宗教改革の思想的内容を「評価しよう」と試みるものではなく、近代文化の一定の特徴的な内容のうち、どれだけを歴史的な原因として「宗教改革の影響」に「帰属させうる」のかということだけを問題にするのだと強調している。かれによれば、「資本主義の精神」が宗教改革の一定の影響の「結果としてのみ」発生しえたとか、「経済制度としての資本主義は宗教改革の結果である」といったようなばかげた教条的なテーゼをけっして主張してはならない（E: S. 83）。ウェーバーがこうしたばかげた見解をとっているかのように誤解された経緯があるだけに、かれのこの指摘には、十分留意しておきたい。

四　現世内的禁欲の宗教的諸基礎

ウェーバーは第二章「禁欲的プロテスタンティズムの職業倫理」第一節「現世内的禁欲の宗教的諸基礎」のはじめの部分で、禁欲的プロテスタンティズムの担い手を四つに分けている。すなわち、一、カルヴィニズム、とくに一七世紀に西ヨーロッパの主要な伝播地域でとった姿でのカルヴィニズム、二、敬虔派、三、メソジスト派、四、洗礼派運動から生まれた諸宗派である。ウェーバーの説明では、メソジスト派は、一八世紀のなかばにイギリス国教会のなかで生まれ、設立者たちの意図では、教会の内部に禁欲的精神を喚起しようとしたものだったけれども、アメリカへの伝道にさいして国教会から分離した。敬虔派は、カルヴィニズムを地盤としてイギリス、とくにオランダで発生し、一七世紀の末にはルター派に合流してルター派教会内部での運動としてつづけられていた。ただ、フス派とカルヴィニズムの影響下にツィンツェンドルフ（一七〇〇－一七六〇）と結びついていったヘルンフート派だけは、独自の仕方で宗派をつくっていった。カルヴァン派と洗礼派（Täufertum：再洗礼派）は、はじめははっきり分かれていたが、一七世紀後半のバプティスト派になると、両者は密接に関連しあっている。

ウェーバーはこのように分類して、宗教的信仰と宗教生活の実践をとおして生み出されたような、生活態度に方向を指示し、そのなかに諸個人をつなぎとめて離さなかった「心理的起動力」を探し出そうとする。そのさいかれは、宗教的思想を、歴史的な現実においてはめったに出会うことがないような「理念型的に」構成された首尾一貫性のうちに示す方法を用いると断わっている。理念型については、一九〇四年の論文「社会科学的および社会政策的認識の『客観性』」のなかでくわしく説明されている（J: S. 190ff.）。その概要にかんしては、ほかの機会にふれたので（Ta: pp. 5–7）、ここでは省略することにしよう。

一六世紀と一七世紀において、資本主義的にもっとも発展していた文化諸国、すなわちオランダ、イギリス、フランスで、政治的かつ文化的な闘争の争点となっていた信仰は、カルヴィニズムであった。したがってウェーバーは、カルヴィニズムを最重要視して、その特徴的な教義である「恩恵による選びの教説」、つまり「予定説」とその影響について分析を展開している。ただし、ほかの歴史的経過にたいする影響からみて、「因果的に」意義あるものは何かを問題にする観点に立つと力説している。さらにかれは脚注で、つぎのように強調する。「カルヴァン自身の見解ではなく、カルヴィニズムを考察する」（E: S. 89）のであって、当時、この信仰が支配的な影響をおよぼし、資本主義文化の担い手となっていた広い地域でそれがとるにいたっていた「そうした姿」でのカルヴィニズムである。それはいわば、マルクス自身の考えではなく、実際に、階級闘争にたいするプロレタリアートの「行為への実践的起動力」（E: S. 238）となっていたようなマルキシズムを明らかにしようとするのとおなじである。

カルヴァン（一五〇九－一五六四）の予定説がはじめて十分に展開されたのは、一五四三年に出版されたかれの

『キリスト教綱要』第三版においてであった。しかし、それがカルヴィニズムにおいて中心的な位置を占めるようになったのは、かれの没後八〇年がすぎてからであった。そのようにとらえて、ウェーバーは一六四七年の「ウェストミンスター信仰告白」から四つの重要な章を抜粋する。そのうち、第三章「神の永遠のみ心について」の第三項にかんしては、「神はその栄光を示現するために、みずからの決定により、ある人びとを……永遠の生命に予定し〔bestimmt (predestinated)〕、ほかの人びとを永遠の死にあらかじめ定めた〔verordnet (foreordained)〕」(E: S. 90) と訳出されている。これこそ、カルヴィニズムにおける予定説の核心部分である。

カルヴァンの考えでは、人間のために神があるのではなく、神のために人間が存在するのであって、あらゆる出来事は神の威厳の自己栄化の手段として意味をもつ。人類の一部が救いに召されており、ほかの大部分は永遠に滅亡せざるをえない。神の決断は絶対不変であるがゆえに、その恩恵は、これを神からうけたものには喪失不可能であるとともに、これを拒否されたものには獲得不可能である。ウェーバーは、こうした恐ろしい予定説が当時の人びとに、「個々人の前代未聞の内面的な孤立化の感情」を抱かせずにはおかなかったとみる。ちなみに、この内面的な孤立化は、ピューリタンの感覚的文化にたいする嫌悪と個人主義の一つの根拠にもなった。

地上の生活のあらゆる利害関心よりも来世のほうが重要であったような時代においては、神から選ばれているのか、どうしたら選びの確信がえられるのかという疑問がすぐさま生じてきて、いっさいの利害関心を背後におしやったにちがいない。ウェーバーによると、カルヴァンは、自分を神の「武具」と感じていたし、自分が救われている状態にあることを確信していたので、かれにとっては、そうした疑問がおこる余地などなかった。何によって自分自身の選びに確信がもてるのかという問いにたいしては、かれは、つぎのように答えるしかなかった。すなわち、われわれは、神が決定するのだという知識と、真の信仰から生じるキリストへのねばり強い信頼をもって満足しなければならない

（E: S. 103）。ところが、かれの後継者たち、とくに平信徒の広範な階層のばあいには、事態はまったくちがっていた。かれらにとっては、救われている状態にあることを知りうるという意味での「救いの確証」が、どうしてもすぐれて重要なことにならざるをえなかった。したがって、予定説が固持されたところではどこでも、「選ばれたもの」に属しているかどうかを知りうる確実な特徴があるかどうかという問題がかならず生じたし、一七世紀のあいだつねに大きな役割を果たした。

平信徒にとっては、カルヴァンのやり方では問題が解決されなかったので、魂への配慮を意味する「牧会」の実践として、つぎの二つの方法が推奨された。その一つは、「自分が選ばれているとみなして」、すべての疑惑を悪魔の誘惑として拒絶することを無条件の義務とすることである。もう一つは、そうした自己確信を獲得するために、最善の方法として「たえまない職業労働」をしっかり教え込むことであった。職業労働が、しかもそれのみが、宗教上の疑惑を追い払い、救われている状態にあることの確信をあたえるというわけである。この点ウェーバーは、「実際には、結局、神はみずから助けるものを助ける」とうまく表現した上で、カルヴァン派信徒は自分の救いを「自分で『つくり出す』」のであって、いかなるときにも選ばれているか、見放されているかという二者択一のまえに立つ「組織的な自己統制」によってつくり出す（E: S. 111）と述べている。

「隣人愛」についてみれば、カルヴァン派のばあい、ルターの解釈とは異なったものとならざるをえなかった。現世におけるカルヴァン派信徒の社会的な労働は、ひたすら「神の栄光を高めるため」の労働である。したがって、現世の全員の生活に役立とうとする「職業労働」もまた、そうした性格をもつことになる。

すでにふれたように、ルターは「隣人愛」から分業にもとづく職業労働を導き出した。しかし、かれのばあい不確定で、純粋に構成的－思想的な萌芽にとどまっていたものが、カルヴァン派においては、いまや、その倫理体系の特徴的な部分となった。「隣人愛」は、被造物ではなく「神の栄光への奉仕」でなければならない。だからそれは、自然法によってあたえられた「職業の任務」を遂行することのうちにあらわれる。しかも、そのさい隣人愛は、「即物的‐非人格的な性格」を、つまりわれわれをとり囲む社会的世界の合理的構成に奉仕すべきものという性格をうけとる。その結果、非人格的、社会的な利益に役立つ労働こそが神の栄光を強め、神のみ心にかなったものだと考えられるようになった。それゆえウェーバーは、「ピューリタンにとっては、——まったくほかの理由から——ユダヤ人のばあいと同様に、神義論の問題と、ほかの宗教が身をすり減らしたような、現世と人生の『意味』にかんする例のあらゆる疑問との完全な排除は、まったく自明のことであった」(E: S. 101) という。「現世の呪術からの解放」(Entzauberung der Welt)、すなわち「救済手段としての呪術の排除」(E: S. 114) は、古代ユダヤの預言とともにはじまり、ピューリタニズムにおいて完結した (E: S. 94f.)。それとならんで、神義論の問題や現世と人生の「意味」の探究も、ピューリタニズムにおいては完全に排除されてしまったわけである。カトリシズムやアジアの諸宗教との決定的な違いがこれらの点にあることはいうまでもない。

ウェーバーはある脚注のなかで、「現世外的な修道士の禁欲と現世内的な職業の禁欲とのあいだの内面的な連続性」がかれの全体的な立論構成の一つの根本的な前提であると説明している。その上でかれは、「宗教改革は合理的なキリスト教的禁欲と生活方法論を、修道院から世俗の職業生活のなかにもち込んだ」(E: S. 117) と主張している。ところが、カルヴィニズムはその発展の過程である積極的なものを、つまり「現世の職業生活において信仰を証明すること」が必要であるという思想をつけ加えたのである。「それによって、カルヴィニズムは宗教的に志向していた人びとのいっそう広範な階層に禁欲への積極的な起動力をあたえ、しかもその倫理が予定説に固定されるとともに、現世の外側での、しかも現世をこえた修道士たちの精神的な貴族主義に代わって、現世の内部での、神によって永遠の昔から予定された聖徒たちの精神的な貴族主義が歩み出た。」(E: S. 120) そうなったのも、ルター派の信仰とはちがって、カルヴィニズムの予定説は、ほかに比類のないほど首尾一貫していたばかりでなく、生活の方法的合理化を必至とするような組織化への、きわめて卓越した心理的推進力をもっていたからである。カルヴィニズム以外の禁欲的運動は、たしかにカルヴィニズムの内的な首尾一貫性の緩和されたものとしてあらわれた。それにもかかわらず、どの教派においても、宗教的な「恩寵の地位」が被造物の堕落した状態、つまり「現世」から信徒たちを分離する一つの「身分」としてとらえられ、そうした身分の保持は、「自然な」人間の生活様式とは明白に異なった特殊な性質の「生き方」による「証明」によってのみ保証されうる (E: S. 162f.) とされた。

カルヴィニズム以外でウェーバーがとくに注目しているのは、洗礼派と、その運動から一六および一七世紀のあいだに成立した諸宗派、すなわちバプティスト派、メノナイト派、とりわけクエーカー派である。なぜなら、洗礼派系の諸教派は、厳格なカルヴァン派とならんで、すべての聖礼典を無価値とみなして、宗教上の「現世の『呪術からの解放』」を徹底的におこなった (E: S. 155f.) からである。洗礼派、とくにクエーカー派が重視されているのは、すでに一七世紀の人びとの目からみても、かれらの現世内的禁欲の特殊な形式が、やがて経済的取引の世界で「正直は最善の策」と定式化されるようになる、例の重要な資本主義的「倫理」の実践的な証明のうちにあらわれていたからである。これにたいして、カルヴァン派の影響は、ウェーバーの推察では、「私経済的な営利のエネルギーの解放」(E: S. 160) という方向にあった。

「来世を考慮した現世の内部での生活態度の合理化」、これこそが、禁欲的プロテスタンティズムの「職業観念」が生み出した結果であった。いまやキリスト教の禁欲は、生活の広場にあらわれ、修道院の扉をうしろ手に閉めて、「現世の日常生活」にその方法を浸透させ、それを「現世の内部における合理的な生活」に改造しようと企てた。その結果はどうなったのだろうか。

五　一七世紀の職業倫理

『経済と社会』（一九二一―一九二二）第二部第四章の「宗教社会学（宗教的ゲマインシャフト関係の諸類型）」によると、預言者の門人や帰依者が、「俗人教団」の秘儀伝授者や教師や祭司や「牧会者」となる。ここで改めて、そうした牧会者がおこなう「牧会、つまり諸個人の宗教上の世話」についてふれておけば、牧会は、その合理的、体系的な形態においては「預言者的、啓示的な宗教の産物」である。そのようにとらえて、ウェーバーは『説教』と比較しながら、「牧会は、あらゆる形態において、まさに日常生活にたいする牧師たちの固有な権力手段であり、宗教が倫理的な性格をもてばもつほど、ますます強く生活態度に影響をおよぼす」（H: S. 265）とみている。プロテスタンティズムの倫理にかんする論文の第二章第二節「禁欲と資本主義の精神」のはじめの個所で、ウェーバーが牧会のなかに働いていた「宗教的な諸力」に着目したのも、そうした認識からであろう。

結論部分にあたるこの最終節で、ウェーバーが明らかにしようとしたのは、かれ自身のわかりやすい表現を用いるなら、神学的な倫理学説がどのように展開したのかではなく、「信徒たちの実際の生活のなかで通用していた道徳はどのようなものだったのか、したがって職業倫理の宗教的な方向づけが実際にどのように影響をおよぼしたのか」（E: S. 176f.）ということである。そこでかれは、「職業理念」のもっとも首尾一貫した基礎づけを示していたのはカルヴァン派から発生したイギリスのピューリタニズムだったので、その代表的な信徒のひとりであるリチャード・バクスター（一六一五－一六九一）を考察の中心におく。

バクスターはプレスビテリアンであり、ウェストミンスター宗教会議の弁護者であるとともに、「成果のもっとも豊かな牧会者のひとり」であった。ウェーバーは、かれの『聖徒たちの永遠の憩い』（*The Saints' Everlasting Rest*, 1650）や『キリスト教徒の指針』（*Christian Directory*, 1673）などに依拠して、「信徒たちの実際の生活のなかで通用していた道徳」の諸原則、いいかえれば、一七世紀におけるピューリタンたちの「経済的な日常生活の諸格率」をとり出している。シュペーナー（一六三五－一七〇五）やバークリー（一六四八－一六九〇）の著作も参照されているとはいえ、バクスターの後者の著作が重視されているのは、それがピューリタニズムの道徳神学のもっとも包括的な概要であり、「自分自身の牧会の実践的な経験」をふまえて書かれたものだからである。

かりに、一七世紀のプロテスタンティズムの一般的な信徒たちによって書かれた手記などが数多く入手できたとすれば、ウェーバーは、それらを利用して信徒たちの実際の信仰生活を記述していたかもしれない。その点、かれは一九〇四－一九〇五年の論文で、禁欲的プロテスタンティズムの生活様式を「伝記的な文献にもとづいて具体的に示す」という「魅力的な仕事」を、「この素描の枠内では、残念ながらとりあえず（vorläufig）放棄せざるをえなかった」（B: S.75）と告白している。ささいなことだけれども、『宗教社会学論集』におさめられているプロテスタンティズムの倫理にかんする論文では、「とりあえず」という言葉が削除されている（E: S.165）。ウェーバーは一九〇五年以降、「魅力的な仕事」を遂行するつもりだったのか、それとも使用するに値するほどの文献が手に入らなかったのであきらめたのか。あるいはバクスターたちの著作で十分だと判断したのか。そうした点は、よくわからない。それでも、「魅力的な仕事」が実現されていたとするなら、信徒たちの実際の生活様式が「具体的に」描き出されることによって、論文自体がいっそう説得力に富むものになっていたにちがいないので、きわめて興味深くおもわれる。

それはともかくとして、バクスターやそのほかの人びとの著作をとおして、はじめにウェーバーが注視したのは、「富」および「時間の浪費」にかんする戒めである。道徳的に真に排斥すべきなのは、「所有の上に休息すること」であり、「神聖な」生活に向けた努力からそらすような結果をもたらす「富の享楽」である。明白に啓示された神の意志によれば、怠惰と享楽ではなく、「行為だけ」が神の栄光を増大させるのに役立つ。「したがって時間の浪費が、すべての罪のなかで第一の、しかも原理的にもっとも重い罪である。」(E: S. 167) 時間の損失は、道徳的に絶対排斥しなくてはならないのである。まだ、フランクリンのばあいのように「時間は貨幣だ」とは考えられていないが、時間は貨幣だという命題は、精神的な意味である程度まで妥当する。なぜなら、時間がかぎりなく貴重なのは、失われた時間ごとに、神の栄光に役立つ労働が奪いとられてしまうからである。

ついでウェーバーは、バクスターの著作に目を向け、そこにつらぬかれている「厳しい、たえまない、肉体的ないし精神的な労働への訓戒」には、「二つの主題」が協働しているとみる。何よりもまず、労働は実証ずみの「禁欲の手段」(asketisches Mittel) (E: S. 169) である。東洋だけでなく、全世界のほとんどすべての修道僧規則とは異なって、西洋の教会では、労働はそうした手段として昔から高く評価されてきた。それは、ピューリタニズムが「不浄な生活」としてまとめたすべての誘惑にたいする独自の予防手段である。宗教上の疑念や性的な誘惑にまけないためにも、「あなたの職業において一生懸命に働け」というわけである。しかし、労働はそれ以上のものであり、とりわけ、そもそも「神によって定められた生活の自己目的 (Selbstzweck)」(E: S. 171) なのである。「働かざるもの食うべからず」というパウロの命題は、無条件に、かつだれにでもあてはまる。労働をいやがることは、救われている状態にあることを失っている徴候である。

バクスターの考えによれば、「不精」と「怠惰」は、きわめて重い罪であり、「救われている状態にあることを破壊するもの」である。財産のあるものも労働せずに食べてはならない。神の摂理によってだれにも無差別に「一つの職業」が準備されていて、各人は、それをみつけて、そのなかで働かなくてはならない。この職業は、ルター派とはちがって、人が順応し、満足しなければならない神意ではなく、神の栄光のために働けという個々人にたいする「神の命令」以外の何ものでもない。

クエーカー派の倫理にしたがっても、人間の職業生活は首尾一貫した禁欲的な美徳の訓練でなければならず、職業にいそしむさいの配慮と方法のなかにあらわれてくる「良心的な態度」によって、自分が救われている状態にあることを証明することでなければならない。労働そのものではなく、「合理的な職業労働」こそ、まさに神によって求められているものなのである。ピューリタニズムの職業理念においては、強調点はつねに、「職業における禁欲のこうした方法的な性格」(E: S.174) におかれている。ピューリタンは生活のすべての出来事のなかに神の働きを見出すのであって、その神が信徒のひとりに利得の機会を示したとすれば、神がみずから意図したにちがいない。それゆえ、敬虔なキリスト教徒はその機会を利用することによって、神のこうした「招き」に応じなくてはならないわけである。

以上のようにとらえて、ウェーバーはバクスターの著作から重要な個所を引用し、つぎのように訳出している。もしも、神があなた方に、あなた方の魂もほかの人の魂も傷つけることなく、律法にかなったやり方で、ほかの方法によるよりも「いっそう多くもうけることができる」ような方法を示したばあい、それをはねつけて、もうけの少ない方法をとるとすれば、あなた方は、「あなた方の召命〔*Berufung*（calling)〕の目的の一つ」にそむいて、「神の管理人〔*Verwalter*（steward)〕」(O: S. 386, P: S. 434) になり、そして神が求めたときに、神のためにそれを役立てる神の賜物をうけとるのを拒否することになる。「神のためにあなた方が労働し、富裕になること」は、「まったくさしつかえない」。バクスターのこのような助言をふまえて、ウェーバーは、「しかし、富の追求は職業義務の遂行として、道徳的に許されているだけでなく、まさに命じられているのである」と述べ、その脚注で、「これが決定的なことだ」（E: S.176）と強調している。「マタイによる福音書」の第二五章第一四節から第三〇節にあるように、主人から委託された一タラントで大きな利益をえる努力をしなかった理由で退けられた「しもべ」のたとえ話は、このことをまさしくいいあらわしているとおもわれた。

一七世紀におけるプロテスタンティズムの「信徒たちの実際の生活のなかで通用していた道徳」は、富の享楽を排斥し、時間を浪費することなく、神の栄光をこの世にあらわすために、しかも自己の救いを証明するために、「神によって定められた生活の自己目的」としての労働にまい進する、そうした純粋に宗教的に動機づけられた禁欲的な「職業倫理」だった。しかしその核心は、富の追求を職業義務として、許されているだけでなく、「まさに命じられている」と考えたことにあった。

ところで、ウェーバーによると、ピューリタンたちに強い影響をあたえたのは、例の「シラ書」ではなく、『旧約聖書』のなかの「ヨブ記」であった。その理由は、「ヨブ記」においては、つぎの二つが結びついているからである。その一つは、カルヴィニズムの考え方と同質の、人間の基準をこえた神の絶対に卓越した尊厳への雄大な讃美である。もう一つは、カルヴァンには副次的だが、ピューリタニズムにとっては重要な、結局は、神がその民を「まさにこの世の生活――『ヨブ記』ではこれのみ！――においても、しかも物質的な点においても」つねに祝福するという、くり返し突如としてあらわれてくる確信である。「――『ヨブ記』ではこれのみ！――」（E: S.180）という補足は、旧論文にはみられず、『宗教社会学論集』におさめられたときに書き込まれたものである。注目すべきは、この補足から一ページほどあとである。ウェーバーは、「資本主義的エートス（kapitalistisches Ethos）の発展」という言葉を用いて、それとのかかわりでユダヤ教とピューリタニズムの経済倫理を比較し、つぎのような加筆をおこなっている。「ユダヤ教は政治あるいは投機に志向した『冒険者』資本主義の側に立っていた。つまりそのエートスは、一言でいえば、パーリア資本主義のそれであった。これにたいして、ピューリタニズムは合理的・市民的経営と労働の合理的組織のエートスを支えた。」(E: S. 181) この引用文を含む一一行ほどの挿入個所は、きわめて重要だといわざるをえない。

ほかの機会に明らかにしたけれども (Ta: p. 40)、一九〇四-一九〇五年の論文では、エートスという言葉はまったく使われていなかった。そうであれば、すでに指摘したように、資本主義の精神が経営者と労働者の双方によって担われていたと考えられていたのだから、晩年のウェーバーは、それを一歩進めて、ピューリタニズムが「合理的・市民的経営と労働の合理的組織のエートス」を支えたと強調することによって、プロテスタンティズムの倫理にかんする論文をエートス論として補整しようとしたのではないのか。こうした点については、のちに改めてふれたいとおもう。

六　禁欲と資本主義の精神

どうして、ピューリタンの職業観と禁欲的な生活態度の要求は、「資本主義的な生活様式の発展」にたいして「直接的に」影響をおよぼさざるをえなかったのだろうか。

ウェーバーは、ピューリタニズムの影響のうち、美的な享楽やスポーツの享楽に役立つ文化財を楽しむのに「いかなる費用もかけてはならない」という点を重視する。ピューリタニズムにおいては、人間は神の恩寵によってあたえられた財貨の「管理人」にすぎないのであり、聖書にある「しもべ」のように、神によって委託された財貨の一ペニヒまで報告しなければならず、その一部を、神の栄光のためではなく、自分の享楽のために支出するのは、少なくとも危険なことなのである。委託された財産にたいする人間の「義務」という思想、その財産に人間が奉仕する「管理人」として、むしろまさに「営利機械」として従属するという思想は、冷めた重圧をもって生活にのしかかる。財産が大きくなればなるほど、それを神の栄光のために減らさずに維持し、不断の労働によって増加させなくてはならないという責任感も――もしも禁欲的な生活情調がこの試練に耐えられるならば――、ますます重くなる。こうした「生活様式」は、その起源を近代資本主義の精神の多くの構成要素と同様に、個々の根においては、中世に求めることができるが、しかし「禁欲的プロテスタンティズムの倫理」においてはじめて、自己の首尾一貫した倫理的基礎を見出した。だからウェーバーは、「資本主義の発展にたいするその意義は明らかである」(E: S. 190) と断言する。

こうしてウェーバーは、つぎのように総括する。プロテスタンティズムの現世内的禁欲は、所有物の無邪気な「享楽」にすさまじい勢いで反対し、「消費」、とくに奢侈的消費を締めつけた。それと引きかえに、禁欲は、心理的効果の点では、「財の取得」を伝統主義的な倫理の障害から「解放した」。禁欲は、利潤追求を合法化しただけでなく、まさに神の意志にそうものとみなすことによって、利潤追求の束縛を打破してしまった。

私経済的な富の生産の面では、禁欲は「『つねに善を欲し、しかもつねに悪を』――禁欲の意味での悪、つまり所有とその誘惑を――『つくり出す』力」であった。なぜなら禁欲は、「目的としての富の追求」は拒否しながらも、「職業労働の成果としての富の獲得」は「神の祝福」とみなしていたからである。ウェーバーによると、たゆみない、不断の、組織的な「世俗の職業労働」を、最高の「禁欲の手段」として、しかも同時に、再生者とかれの信仰の真正さの「もっとも確実でもっとも明白な証明」として宗教的に評価することは、資本主義の「精神」とよんだ、例の人生観の拡大にたいする最強の「推進力」とならざるをえなかった。消費の締めつけと営利の追求の外面的な結果は、「禁欲的節約強制による資本形成」（E: S. 192）であった。

しかし、プロテスタンティズムの現世内的禁欲は、すでに指摘しておいたように、資本主義の「精神」や「資本主義的な生活様式」を「意図されなかった結果」として産み落としたのである。いいかえれば、プロテスタンティズムの「禁欲的エートス」（asketisches Ethos）は、苦渋に満ちた葛藤をへて、まったく予期せずに「合理的経済エートス」を分娩させてしまったのだった。この点は、ウェーバーの主張を理解する上できわめて重要なので、ややくわしくみておくことにしよう。

たしかに、ピューリタニズムの人生観は近代の「経済人」のゆりかごをまもった。しかしウェーバーによると、確実なのは、ピューリタニズムの生活理想がピューリタン自身によく知られていた富の「誘惑」のきわめて強い試練には無力だったことである。クエーカー教徒のばあいでさえ、古い理想の否定を引き起こすことが少なくなかった。「これはまさに、現世内的禁欲の先駆者、つまり中世の修道院の禁欲がくり返し屈服したのとおなじ運命であった。」（E: S. 195f.）修道会の規則の全歴史は、ある意味において、「所有の世俗化的作用（die säkularisierende Wirkung des Besitzes）という問題」とのつねにたえまない闘争なのである。ウェーバーは、「これとおなじことがピューリタニズムの現世内的禁欲のばあいにも壮大な規模でおこった」（E: S. 196）という。一八世紀末におけるイギリス産業の繁栄に先立ってみられたメソジスト派の強力な「信仰復興」は、まさにそうした修道院改革と対比できるかもしれない。こうしてウェーバーは、禁欲的傾向の指導者自身が禁欲のもつ一見「パラドクシカルな関連」を知っていたことを示す証拠として、ジョン・ウェスレー（一七〇三－一七九一）の文章を引用する。ちなみに、かれはイギリスの神学者で、メソジスト派の創設者であり、フランクリンと同世代の人物である。

ウェーバーが引用しているウェスレーの文章を抄訳すれば、つぎのとおりである。富が増加したところでは、それに比例して宗教の実質が減少してしまったのを危惧している。宗教は必然的に「勤勉」と「節約」を生み出さざるをえないし、これらは富をもたらす。メソジスト派の信徒はどこででも勤勉になり、質素になる。その結果、かれらの財産所有はふえる。そうすると、それに応じて高慢、熱狂、世俗的な欲望、生活のおごりも増大する。「こうして、なるほど宗教の形式は残るが、その精神は、しだいに消えていく。純粋な宗教のこのようなたえまない退廃を防ぐ方法はないのだろうか。われわれは、人びとが勤勉で、質素であるのを妨げてはならない。われわれはすべてのキリスト教徒に、できるだけもうけるように、しかもできるだけ節約するようにとさとさなくてはならない。それは、結局のところ、富裕になることを意味する。」（E: S. 197）ウェーバーはウェスレーのこの文章を、ウェーバー自身が「これまで述べてきたすべてにかんする標語」とするのに十分ふさわしいと称賛している。つまりウェスレーの苦悶は、ウェーバーが解明した禁欲のパラドックスをみごとに表現しているといいたいのだろう。

では、ピューリタニズムの強力な宗教運動が、その完全な「経済的影響」を発揮するようになったのはいつなのだろうか。ウェーバーがみるところでは、それは、純粋に宗教的な熱狂がその頂上を乗りこえて、神の国の探求という緊張状態がしだいに冷静な職業道徳へと解体しはじめ、宗教的な根源がゆっくりと消滅していって、功利的な現世肯定主義にとって代わられるようになったときであった。ウェーバーは、アイルランドの批評家・詩人ダウデン（一八四三－一九一三）の言葉を使って、民衆の空想のなかで、天国に向かって急ぐバニヤンの「巡礼者」の内面的に孤独な努力に代わって、イギリスの小説家デフォー（一六六〇－一七三一）が描く「ロビンソン・クルーソー」、つまり同時に伝道の仕事もおこなう「孤立した経済人」が登場したときであったという。宗教的に生き牛きしていた一七世紀の時代がその功利的な相続人に遺産としてあたえたものは、もし合法的な形式においてのみおこなわれるならば、金もうけにかんする、とてつもなくやましいところのない——パリサイ的にやましいところのない——良心であった。「神によろこばれるのはむずかしい」ということのすべてのなごりは消え失せた。「特殊市民的な職業のエートス(ein spezifisch bürgerliches Berufsethos)が生まれた」(E: S.198) とウェーバーは強調する。

企業家の立場からみれば、市民的な企業家は、形式的な正しさの節度をまもり、道徳的な生き方に非の打ちどころがなく、財産の使用が他人の感情を害さないのであれば、神の恩寵と祝福をあたえられているという意識をもって、自分の営利に従事することができたし、そうすべきであった。これに加えて、宗教的な禁欲の力は、冷静で誠実な、すぐれた労働能力をもった、しかも神にのぞまれた生活目的としての労働にいそしむ労働者をかれに用立てた。さらに禁欲の力は、現世における財の不平等な配分が神の摂理の働きであり、神はこの差別と特殊な恩寵のみによって、その秘められた、われわれには知りえない目的を遂行するのだという安心すべき保証をかれにあたえた。

一方、労働者の側からみると、プロテスタンティズムの禁欲は、労働を「職業」とみなし、救われている状態にあることを確実にするもっとも卓越した「唯一の手段」とみなすような考え方を中心とした「心理的起動力」を創造した。「そして他面において、プロテスタンティズムの禁欲は、企業家の金もうけを『職業』と解釈することによって、こうした特殊な労働意欲の搾取を合法化した。」(E: S. 200) だからウェーバーの視点からするなら、営利を「職業」とみなす考え方が近代の企業家の特徴になったのと同様に、労働を「職業」と考えることが近代の労働者の特徴になったというわけである。それにつづけてウェーバーは、イギリス国教会派の経済学者サー・ウィリアム・ペティ(一六二三‐一六八七)が一七世紀におけるオランダの経済力の原因を、この国に多い国教会反対派、つまりカルヴァン派とバプティスト派の信徒たちが「労働と生業にいそしむことを神にたいするかれらの義務」だとおもっている点にあるとしているのは当時の新しい事実を描写したものだったと評価している。

「近代資本主義の精神の、しかもこれのみでなく、近代文化の本質的構成要素のうちの一つ、つまり職業観念の基礎に立つ合理的な生活態度は、――この論文はこのことを証明しようとしたのだが――キリスト教的禁欲の精神から生まれた。」（E: S. 202）これが、ウェーバーの結論である。フランクリンをとり上げたさい、「資本主義の精神」とよんだ「信念」の本質的要素は、さきにピューリタニズムの職業的禁欲の内容として探り出したものとおなじであり、まさにフランクリンのばあいには、すでに「宗教的基礎づけ」が消滅して欠けているにすぎないだけである。この点こそ、ウェーバーがもっとも強調したかったことだった。

七　「近代の経済エートス」の形成と理解社会学

『宗教社会学論集』第一巻におさめられているプロテスタンティズムの倫理にかんする論文には、タイトル自体にややながい脚注がつけられている。ウェーバーはその脚注で、発表当時の論文について、かれの反批判のなかから「（きわめてわずかの）補足的な引用」を追加して誤解を防ごうとしたと説明している。他方かれは、「実質的に重要な主張」を含んでいる文章を削除したり、意味を改めたり、弱めたり、あるいは「実質的に異なる主張」をつけ加えたりしたような個所は一つもない（E: S. 17f.）と明言している。たしかに、そのとおりであろう。

反批判のなかからではないにしても、「（きわめてわずかの）補足的な引用」についていえば、もっとも重要な引用が追加されている。それは、さきのウェスレーの文章である。これは一九〇四－一九〇五年の論文にはなかった（B: S. 104）。ウェスレーのおなじ文章がほかの著者の本のなかに載っていたけれども、ウェーバーはそのことを知らず、

「アシュリー教授からの手紙（1913）」でご教示をいただいた（E: S. 196）と誠実に注記している。「禁欲的エートス」は、なぜ資本主義の「精神」を生み出してしまったのか。その秘密は、現世内的禁欲に内在する「パラドクシカルな関連」のうちにあった。それを解くことがウェーバーの最大の課題だった。かれによると、「一七世紀においては、およそだれもこの関連を疑わなかった」（*Loc. cit.*）。しかしウェスレーの文章は、一八世紀における「信仰復興」運動の指導者たちと同時代の人びとが何をしているのか、どのような危険にさらされているのかをよく知っていたのを如実に示している。それだけではない。かれの文章は、ウェーバーが解明した「禁欲的エートス」の逆説を立証するものである。だからかれの文章は、この論文のクライマックスともいえる場面で、ウェーバー自身の分析の正しさを補強するために新たに引用されて追加されたわけである。

すでに指摘したように、研究計画にかかわるともいえる「とりあえず」という言葉が削除されたりしている。それでも、「実質的に重要な主張」を含んでいる文章などは削除されていない。また「実質的に異なる主張」がつけ加えられていないのも、当然だといえよう。ところが意外にも、ウェーバーの主張を補足ないし補整する言葉や、そうした言葉を含む文章がかなり挿入されているのである。その顕著な要語がエートスにほかならず、それを含む文章であることは、これまでに概観してきたところから察知されよう。

宗教社会学的研究のなかで、ウェーバーがはじめてエートスという言葉を使ったのは、一九一九年と一九二〇年の『社会科学・社会政策雑誌』第四六巻第二号と第三号（N: S.231）に分載された「古代ユダヤ教」においてであった。この点については、ほかの機会にくわしく明らかにした（Ta: pp. 106–107, p. 162）。プロテスタンティズムの倫理にかんする論文において、ユダヤ教あるいはユダヤ人との関連でエートスという言葉を用いた文章がみられるのは、そうした経緯があったからである。エートスという言葉の使用についていえば、「儒教と道教」についてもおなじことがいえる。最初「儒教」というタイトルで『社会科学・社会政策雑誌』に発表されたとき、その言葉はなかった。

ウェーバーは「特殊市民的な職業のエートス」の誕生についてふれたあと、ペティについて言及した。そしてかれは、ほぼ一ページにおよぶその節の末尾で、ピューリタンの経済エートスとユダヤ人の経済エートスの対立に着目し、「後者ではなく、前者が市民的な経済エートス（bürgerliches Wirtschaftsethos）であった」（E: S. 202）と力説している。「一つのエートス」という言葉が最初に導入されたのはフランクリンとのかかわりであり、エートスという言葉を含んだ文章が最後に挿入されたのは、この文脈においてである。もちろん、ペティからはじまる一節は、改定作業のときに加筆されたもの。

重要なのは、「市民的な経済エートス」という言葉を用いた文章があと四ページほどで終わる結論部のすぐまえに書き込まれている事実である。この事実は、ウェーバーが一九〇四－一九〇五年に発表したプロテスタンティズムの倫理にかんする論文をエートスの観点から補整し、補強したことを意味しているとしか考えられない。おなじことは、プロテスタンティズムの諸宗派にかんする論文（E: S. 207ff.）についてもあてはまる。『宗教社会学論集』の「緒言」にみられるウェーバー自身の説明によれば、これらの二つの論文は、「ある『経済信念』（»Wirtschaftsgesinnung«）の、つまり『エートス』の成立や、ある経済形態の成立が特定の宗教的信仰内容によって制約されていることを、しかも近代の経済エートス（modernes Wirtschaftsethos）と禁欲的プロテスタンティズムの合理的倫理との関連という例について」（E: S. 12）究明しようと試みたものである。「緒言」は、かれが没する前年の、おそらく初秋以降に書かれたとおもわれる。そうだとすれば、晩年のウェーバーは「近代の経済エートス」の形成という視座から旧論文をエートス論として補整し、再構築したとみてまちがいない。引用文のなかの「つまり」というのは、コロン（：）である。コロンをわざわざ„nämlich“と読みあげる人もいるけれども、この一文は、ウェーバーにとっては「経済信念」が「エートス」にほかならないことを明瞭に示している。

プロテスタンティズムの倫理にかんする論文にみられる言葉を使って、ウェーバーの立論構成をエートス論の観点から再現すれば、つぎのようになろう。

結果の極には、①「資本主義的エートス」(E: S. 181) ないし②「特殊市民的な職業のエートス」(E: S. 198) がおかれている。他方、原因の極には、③「禁欲的エートス」(E: S. 194) ないし④「市民的な経済エートス」(E: S. 202) がある。これらのうち、①と④は、すでに明らかなように、ユダヤ教あるいはユダヤ人のエートスと比較した文脈で挿入されている。②は旧論文では、「特殊市民的な職業の倫理 (Berufsethik)」(B: S. 104f.) となっていた。「倫理」が「エートス」と書きかえられただけである。こうした単純な書きかえは、第一章第二節「資本主義の『精神』」のなかに多くみられる。③は、本文に新たに追加されたイギリス人の「国民性」にかんする文章につけられた脚注のなかで書き加えられた言葉である。ウェーバーは改定作業によって、③ないし④が「所有の世俗化的作用」をへて、「意図されなかった結果」として①ないし②を生み落とした因果関係を「近代の経済エートス」の形成という視点から強調したかったわけである。エートスの担い手についていえば、①ないし②の担い手は、フランクリンのような経営者層や、当時の職人など熟練工の階層であったし、③ないし④のそれは、一七世紀のプロテスタントたち、とりわけ「ようやく興隆に向かおうとする小市民と農民の階層」(E: S. 195) であった。①から④までの言葉を含んだ文章の加筆がこの論文の最終節「禁欲と資本主義の精神」に集中していることは、何を物語っているのだろうか。

マリアンネ・ウェーバーによると、一九二〇年の冬、ウェーバーは宗教社会学論集の第一巻を校正していたし、「とりわけ『経済と社会』のなかのかれの社会学的カテゴリー論」にとりかかっていた。そしてカテゴリー論は、「かれの死の数カ月まえに」決定稿となった (Oa: S. 687f.)。ウェーバーは一九一三年の『ロゴス』第四巻に論文「理解社会学の若干のカテゴリーについて」(J: S. 427ff.) を発表していたけれども、それを十分に練り上げて、「もっとも簡潔な表現」にしたのが『経済と社会』第一部第一章の「社会学の基礎概念」である。ウェーバーがプロテスタンティズムの倫理にかんする論文を発表したのは、一〇年以上もまえである。かれはまさに死の直前に、校正中のその論文を思考の中心にすえながら自己の「『理解』社会学」を完成させたにちがいない。それならば、理解社会学の視座からみて、現世内的禁欲はどのように整合的にとらえられるのだろうか。

「社会学の基礎概念」によると、社会学とは、「社会的行為を解明しつつ理解し、これによってその経過とその結果とを因果的に説明しようとする一つの科学」(H: S. 1) であると定義されている。そのさい、「社会的行為」とは、行為者または諸行為者によって「思念された意味」にしたがって「他者の行動」に関係させられ、かつその経過においてこれに方向づけられている行為をさしている。たとえば、二人の自転車乗りが衝突したのは、一つの出来事にすぎない。しかし、どちらか一方が、あるいはおたがいが「あぶない」とおもって、相手をさけるような行為は、社会的行為にあたる。

ピューリタニズムの「職業理念」の核心ともいえる現世内的禁欲のばあいはどうであろうか。プロテスタントたちの「合理的な職業労働」は、自己自身のための労働は別として、現実の社会では「有意味的に」他者の行動に関係させられ、方向づけられていたはずだから、いかなる労働であろうとも、社会的行為にあたるとみてよい。そのさい、プロテスタントたちが合理的な職業労働を「隣人愛」の遂行と考え、自己の労働やその産物がほかの人びとにうけ入れられるだろうという「期待」を、合理的に、「結果として求められ」うるとみて、「自己の目的のための『条件』または『手段』」として利用していたのであれば、かれらの労働は、「目的合理的」行為の性格をもっていたであろう。しかし他方で、かれらが神の栄光と自己の救済の証明のために、「禁欲の手段」としての、しかも「自己目的」としての労働そのものの、「絶対的に固有の価値」を、「まったく純粋に、結果とは無関係に」、意識的に信じていたかぎりでは、かれらの労働は、「価値合理的」行為（H: S. 12）の特徴を示していたであろう。»Beruf« の二つの意味からすれば、「職業」は前者に、「召命」は後者にそれぞれ照応しているとみれないこともない。

ただし、こうした分類は、社会的行為の「純粋型」（理念型）のレヴェルにおける分類であって、あくまでも現実の行為の一定の側面を鋭く認識するための指標にすぎない。プロテスタントたちの現実の行為は、純粋型では単純にとらえきれないほど複雑な様相をなしていて、二つの行為がさまざまな割合で混交していたり、あるときは目的合理的行為のほうが、ほかのばあいには価値合理的行為のほうがいっそう先鋭化していたりしたかもしれない。またそれに対応して、「職業」と「召命」の意味も微妙な比率で交錯しあっていたであろう。二つの行為と »Beruf« の二つの意味がそれぞれ明確に識別されることなく、相互に融合しあい、「合理的な職業労働」として実践されていたところに、プロテスタンティズムの現世内的禁欲の特質があった。社会的行為を重視する理解社会学からすれば、そのように解することができるはずである。

はじめにふれた「資本主義以前」を「経済的行為」の観点から定義した部分は改定時に補完されたものだけれども、はっきりと、理解社会学の視野から旧論文に手を入れたとおもわれる個所がある。ウェーバーは、新たに「『目的合理的』ないし『価値合理的』動機」という術語を導入して、カルヴァン派信徒の社会組織の基礎となっている動機について補筆しているのである。しかし、それ以上に見逃してはならないのは、その個所でかれが、これは旧論文にもみられるのだが、つぎのようにきわめて印象的に述べている点である。「『神の栄光』と自己の救いは、『意識の閾』（»Bewußtseinsschwelle«）の上方につねにとどまっている。」（E: S. 97）このことは、社会組織についてだけでなく、職業生活にもそのまま妥当したであろう。目的合理的行為の色彩が強い「合理的な職業労働」には、「目的としての富の追求」は拒否しながらも、「職業労働の成果としての富の獲得」は「神の祝福」、つまり自己が救われている証拠であるとみなす価値合理的行為への志向性が自覚的に並存していたか、あるいはまさに無意識の「上方につねに」漂っていた。それだからこそ、ピューリタニズムの現世内的禁欲は、「所有の世俗化的作用」を引き起こさざるをえなかったし、「意図されなかった結果」として「近代の経済エートス」を誕生させてしまったのである。それというのも、「社会学の基礎概念」でいわれているように、「価値合理性にあっては、行為の固有の価値（純粋な信念、美、絶対善、絶対的義務）だけがそれ自体のために無条件に考慮されればされるほど、行為の結果についてはますます反省されなくなる」（H: S. 13）からである。

このようにとらえるなら、プロテスタンティズムの倫理にかんする論文は、理解社会学を歴史分析に適用した研究であったとみることができよう。理解社会学の確立が死に向かう直前だったのでやむをえないとしても、ウェーバーは、現世内的禁欲のパラドックスを強調するあまり、社会的行為の視点から旧論文を補整するのにやや片手落ちになってしまったといわざるをえない。»Beruf« の観念を心理的起動力とする価値合理的行為を想定してはじめて、プロテスタンティズムの倫理にかんする論文は、「『理念』というものが一般に歴史のなかでどのように効力をあらわすのか」を例証するのにも役立つだろう（E: S. 82）というウェーバーの説明が納得できるようになる。

ところで、ウェーバーはイギリス人の「国民性」の二つの性格類型を指摘したあと、プランテーションをつくって荘園領主的に生活しようとした「冒険者たち」と、それにたいするピューリタンの「特殊市民的な信念」とのあいだの対立が北アメリカにおける植民のもっとも古い歴史をおなじようにつらぬいている（E: S. 194f.）と加筆している。この個所に限らず、「冒険者」ないし「冒険者たち」という言葉が書き入れられているのには、それなりのいきさつがあった。それというのも、ウェーバーは一九一〇年のラッハファールにたいする反批判論文のなかで、資本主義の発展の「冒険者たち」（»Abenteurer«）に言及したとき、ここでの「冒険」の概念は「G・ジンメルがつい最近、あるすばらしい小さなエッセイのなかでそれを明確にした」ようなのと「おなじ意味で」使われている（C: S. 596）と述べているからである。ちなみに、「あるすばらしい小さなエッセイ」とは、一九一〇年六月七日と八日に*Der Tag. Moderne illustrierte Zeitung* の朝刊に連載されたジンメルの「冒険の哲学」（Philosophie des Abenteuers）のことである（Ma: S. 97ff., S. 540）。

「冒険者」という言葉が旧論文にはなかったことを考えれば、ジンメルがウェーバーにあたえた影響の大きさは、一目瞭然であろう。ジンメルにたいする高い評価がみられる反面、手厳しい批判がおこなわれているのも事実である。それにもかかわらず、ウェーバーはジンメルから多方面にわたって刺激をうけ、豊かで貴重な養分を吸収しているのである。

ウェーバーは、宗教の世界における合理化を象徴する表現として、「現世の『呪術からの解放』」という用語を使った。それについては、すでに示したとおりである。しかし、このあまりにも有名な言葉もエートスと同様に、一九〇四―一九〇五年の論文にはみられず、「古代ユダヤ教」が書き上げられてから挿入されたのである。この点、ジンメルが一九〇六年の『宗教』において、「価値あるものの救出、いわば呪術からの解放（Entzauberung）としての魂の救済」の解釈について論じていた（La: S. 63f.）ことは、何とも興味深いかぎりである。もちろん、ジンメルの宗教にかんする研究とウェーバーの宗教社会学的研究は、研究対象や方法の点できわめて異なっている。そうだとしても、ウェーバーは、すでにプロテスタンティズムの倫理にかんする論文を発表していたのだから、おそらくEntzauberungという高尚ないいまわしには引きつけられていたにちがいない。ウェーバーがジンメル自身から献呈された『宗教』に書き込みを入れていることが、二〇一一年に明らかにされた（Wa: p. 57）。

病気回復後のウェーバーが、一九〇〇年に公刊されたジンメルの『貨幣の哲学』を読み、その最後の章を高く評価していたことはよく知られている。ジンメルはその本のなかで、「史的唯物論でさえ、一つの心理学的な仮説にほかならない」(Ka: S. 641) と書いてはばからなかった。それに先立つ一八九〇年のデビュー作『社会的分化論』では、社会の発展法則を信じる素朴な「発展史的世界観」が鋭く批判されている。それによると、「あらゆる社会的な経過や状態」は、いっそう深い根底をもった無限に多くの部分過程の現象ないし作用にほかならない。加えて、ある力の直接的な作用と全体の最後の全状況とのあいだには「時間的かつ事実的中間項 (Zwischenglieder)」が介在しているが、その中間項が見落とされてしまう。このようにみて、ジンメルは「社会的形態における経過の最終的な結果という点でのあいまいさ」と、「その複雑性によってあらゆる正確な予測に逆らう、社会的な素材の固有な性格」をあげ、つぎのように述べた。「それゆえわれわれは、社会的な発展の諸法則については語ることができない。」(Ja: S. 125) 社会のすべての要素は疑いなく自然法則にしたがって運動する。しかし、「全体にたいしてはいかなる法則も存在しない」というのがジンメルの基本的な立場 (Ua: p. 11) である。

「唯物論的な」立場にたいしてウェーバーがかなり批判的であった点については、はじめにみたとおりである。かれはすでに「客観性」にかんする論文で、「『世界観』としての、あるいは歴史的現実の因果的な説明の公分母としての、いわゆる『唯物史観』は、断固として拒否すべきである」(J: S. 166f.) と強調している。精密な自然科学にとっては、「諸法則」は「普遍妥当的」であればあるほど、いっそう重要であり、いっそう価値に富む。しかし具体的な歴史的現象の認識にとっては、「もっとも普遍的な諸法則は、内容がもっとも空虚なので、通例またもっとも役に立たない」(J: S. 179f.)。こうしたウェーバーのとらえ方は、「社会的な発展の諸法則」にかんするジンメルの立場から影響をうけて、それを敷衍したものだと推断してもよいだろう。「所有の世俗化的作用」がジンメルのいう「時間的かつ事実的中間項」にあたるとすれば、プロテスタンティズムの倫理にかんする論文は、ジンメルが「社会的な発展の諸法則については語ることができない」といったのをあたかも傍証しているかのようにおもえてならない。

ウェーバーにとっては、ある現象の「個性」が問題なのである。そのばあい、因果問題とは「諸法則の問題」ではなく、「具体的な因果連関の問題」である。その現象がいかなる公式に実例として従属させられるべきかという問題ではなく、その現象がいかなる個性的な状態に結果として帰属させられるべきかという問題である。だからウェーバーは、「それは帰属問題である」(J: S. 178) という。

プロテスタンティズムの倫理にかんする論文の末尾で、ウェーバーは、つぎのように書いて筆をおいた。「一面的に『唯物論的な』文化および歴史の解釈」にかえて、おなじく「一面的に唯心論的、因果的な文化および歴史の解釈」をすえるつもりはない。「両者はひとしく可能であるが、もしも、それらが研究の準備作業ではなく、結論であると主張されるのであれば、両者はほとんど、歴史の真理にはひとしく役に立たない。」(E: S. 205f.) かれは一九〇四年の「客観性」にかんする論文では、歴史的現実の因果的な説明の「公分母」としての唯物史観は「断固として拒否すべき」だと述べた。それにもかかわらず、プロテスタンティズムの倫理にかんする論文で、唯物論的な文化および歴史の解釈が研究の「準備作業」として主張されるのであれば、「歴史の真理」を解明するのに役立つだろうとみているところに、ウェーバーの柔軟な学問上の姿勢が読みとれるにちがいない。しかし、東欧およびソ連の社会主義が崩壊した歴史をふまえるなら、もはや、唯物論的な解釈が共産主義のための実践的な処方箋を無反省のままに提供するようなことは、断じて許されないであろう。それというのも、その解釈にもとづく硬直化した、宗教のようなマルキシズムによって、多くの尊い命が東西対立の冷戦時代に奪われたからである。

ウェーバーが用いるエートスという言葉には、「信念」、「経済信念」のほかに、「生活態度」、「倫理的態度」(Ta:

pp. 42–46, p. 54）などの意味がある。そうだとすれば、「唯心論的」な文化および歴史の解釈という表現が適切かどうかについては疑問が残る。いずれにしても、プロテスタンティズムの倫理にかんする論文は、「近代の経済エートス」の形成という角度から「資本主義的エートス」と「禁欲的エートス」とのあいだの「具体的な因果連関」を究明した「準備作業」としての研究にほかならなかった。「世界諸宗教の経済倫理」にかんする研究は、この論文で示したテーゼを検証するための壮大な試みであった。

第二章　アジアの社会と宗教

――中国およびインドと資本主義の精神――

一　二つの基本的な認識

プロテスタンティズムの倫理にかんする論文を発表したあと、マックス・ウェーバーは、禁欲的プロテスタンティズムの世界史的な意義を検証するために、価値自由の立場から宗教社会学の研究に没頭した。その成果は、「比較宗教社会学試論」という副題をもつ「世界諸宗教の経済倫理」(Die Wirtschaftsetihk der Weltreligionen)として実を結ぶ。その内容は一九一五年から一九二〇年(L: S. 60f., N: S. 231)までの『社会科学・社会政策雑誌』に順次掲載されていった。「序論」(Einleitung)によれば、「世界諸宗教」のもとで想定されているのは、「多数の信徒」を集めることができた、五つの宗教的な、あるいは宗教的に制約された「生活規制の体系」であり、儒教、ヒンドゥー教、仏教、キリスト教、イスラーム教の宗教倫理である。これらに加えて、かれは、六番目にユダヤ教が考察されなくてはならないとみる。その理由は、最後の二つの宗教を理解するためにも「決定的な歴史的諸前提」がユダヤ教には含まれているからであり、またユダヤ教は「西洋近代の経済倫理の発展」にとっても「歴史的な独特の意義」をもっているとされているからである（E: S. 238）。

これらの宗教のうち、イスラーム教とキリスト教、厳密には東洋および西洋のキリスト教については、執筆の計画が公表されてはいたものの（Ia: S. 579, Ta: p. 103）、まとまりのある独立した叙述としては実現されなかった。儒教にかんしては、一九一五年の『社会科学・社会政策雑誌』第四一巻第一号と第二号に「儒教」のタイトルで分載された（Da: S. 14）。その後、それはかなり大幅に手を加えられて、一九二〇年の『宗教社会学論集』第一巻に「儒教と道教」（Konfuzianismus und Taoismus）と改題されておさめられた。二つの論稿の章別構成の違いなどについては、ヴォルフガング・シュルフターやヘルヴィク・シュミット－グリンツァーが両者を対比させてくわしく紹介している（Da: S. 11ff., L: S. 77ff.）。

ヒンドゥー教と仏教については、「ヒンドゥー教と仏教」（Hinduismus und Buddhismus）というタイトルで、一九一六年の『社会科学・社会政策雑誌』第四一巻第三号、第四二巻第二号、そして一九一七年の第四二巻第三号（M: S. 43）にそれぞれ掲載された。これらはその後まとめられて、ウェーバーが亡くなった翌年の一九二一年一月六日に「世界諸宗教の経済倫理 Ⅱ」という表題がつけられて『宗教社会学論集』の第二巻として出版された。この第二巻はピアニストのミーナ・トープラーに捧げられている。おなじ年に第三巻が刊行されており、「古代ユダヤ教」（Das antike Judentum）というタイトルのもとで、もっぱらユダヤ教が論じられている。これには、珠玉の遺稿「パリサイびと」（Die Pharisäer）が収録されている。ちなみにこの巻は、エドガル・ヤッフェの夫人エルゼ・ヤッフェ－リヒトホーフェンに捧げられた。

『宗教社会学論集』は全三巻から成り立っているけれども、第一巻の構成は、つぎのとおりである。まず「緒言」、ついでプロテスタンティズムの倫理にかんする論文と「プロテスタンティズムの諸宗派と資本主義の精神」（Die protestantischen Sekten und der Geist des Kapitalismus）がおかれている。つづいて「世界諸宗教の経済倫理」と題して、「序論」、「儒教と道教」がおさめられ、「中間考察」（Zwischenbetrachtung）で終わっている。この第一巻は、ウェーバー自身が旧論文に手を入れながら編纂したもので、妻のマリアンネ・ウェーバーに捧げられている。第二巻と第三巻は、マリアンネの助力がなければ、かれの死後に公刊されることはなかったであろう。『経済と社会』についてもおなじことがいえよう。

なぜ、近代西洋（とくに「西ヨーロッパ－アメリカ」）以外のところでは、「自由な労働の合理的組織をもつ市民的経営資本主義の成立」（E: S. 10）が妨げられてしまったのだろうか。アジア、とくに中国とインドにおいて、禁欲的プロテスタンティズムが予期せずに分娩させたような「近代の経済エートス」が生まれなかった理由は、どんなところに求められるのだろう。「世界諸宗教の経済倫理」の中心テーマであるこうした点を、「儒教と道教」、「ヒンドゥー教と仏教」によりながら明らかにしていくことにしよう。そこではじめに、二つの著作のなかで、どうしても見逃すわけにはいかない重要な個所があるので、それを示してみたい。つぎの二つの見解は、近代以前の中国とインドにかんするウェーバーの基本的な認識ともいえるものである。

中国では、「合理的な経営資本主義」は「形式的に保証された法と合理的な行政および司法の欠如によって、しかも秩禄化の結果によって」（E: S. 394f.）まさに妨げられていたほかに、「ある種の信念上の諸基礎の欠如によって」も妨げられていた。

偉大な宗教のいずれの制度も、それぞれのやり方で「近代的な経済」を妨害したし、妨害しているようにみえるが、インドでは、「妨害の核心」は、そうした個々の障害のなかにではなく、カーストという「全体的な制度の『精神』」（F: S. 110f.）のなかにあった。

中国における「ある種の信念上の諸基礎」にかんしては、のちに改めてくわしく検討する。ここにみられる二つの基本的な認識のうち、中国についていえば、ウェーバーが「家産制」と「家産官僚制」を重視していたと推察できるであろう。なぜならそれらは、「合理的な行政および司法の欠如」や「秩禄化」などと密接に結びついていた支配構造にほかならないからである。インドについては、かれが「カースト制度」を最重要視していたことが確認できるはずである。かれは、家産制の権力構造やカーストをどのようにとらえていたのだろうか。中国では官吏階層が儒教の、インドではバラモン層がヒンドゥー教のそれぞれ中心的な担い手であった。上流の「読書人身分」としての両者の社会学的な相違は、どんなところにあったのか。さらに、家産制とカーストが生み出したエートスとはどのような性質のものだったのか。こうした点を明らかにしたあとで、儒教やヒンドゥー教などのアジアの宗教が「合理的な経済倫理」（rationale Wirtschaftsethik）を創出できなかった原因をさぐってみようとおもう。以下の論述のねらいは、やや粗雑であるとしても、ウェーバーのアジアの社会観と宗教観を浮き彫りにすることにある。

二　家産制と官吏 —— 中国 ——

ウェーバーの歴史認識からすれば、未発達な交通技術のもとで拡大した家産国家的な構成体のばあいがつねにそうであったように、中国においても「行政の中央集権化の程度」は狭く限定されたままであった。それにしても、中国では「『偏見のない』家産制の新しい原理」（E: S. 330）、すなわち個人の業績だけが支配者の官職を含めたさまざまな官職に資格づけるという原理が、秦の始皇帝（在位紀元前二四七－二二一）の改革によって実現されており、その承認が拒否されてしまうようなことはありえなかった。この原理に立つ家産制こそ、ウェーバーからみれば、「儒教の精神にとって基礎的な構造形式」となったものにほかならない。では、かれは中国の政府と官吏の関係をどのようにとらえるのであろうか。

中国帝国は大祭官的な長をもった古代ペルシアのサトラップ（地方長官である太守）諸管区の連邦に似ており、権力は、形式上は有力な地方官吏の手中にあった。しかしそうはいっても、官吏たちは家産制に固有な、つぎのような手段によって統制されていた。すなわち、官吏の任期は短く、公式には三年であり、期間が満了した官吏はほかの地方に転任させられる。また郷里への任用禁止、同一管区内における近親者の任用禁止、「監察使」の形態での一つの体系的なスパイ組織などもあった。官吏を統制する中央政府のこうした手段がもたらした結果は、官吏が封建的な封臣のように独立の勢力にのし上がらなかったこと、したがって帝国の外面的な統一が維持されたことであった。しかしそこには、公式の官吏は官職管区に根づかないという犠牲が支払われていた。だから政府が官吏を統制する手段は、「例の非公式の、土着の下級官吏たち」に権力を実質的に集中させてしまい、「行政の厳密な統一性」を妨げざるをえなかった。

ウェーバーは、方言も理解できない地方で官職につく「官人」の姿を詳細に描きながら、この点を明らかにしている。そしてかれは、「中国の家産制の世界的に名声のある、しかもきわめて効果的な手段」、つまり「試験の実施と教養資格による官職の授与」といえども、「中央官庁の手中で精密に機能するメカニズム」をつくり出すことができなかったとみる（E: S. 335）。また、のちに改めてふれるような官吏階層の「身分倫理」の特性、つまり「高貴な人間は道具ではない（Ein vornehmer Mensch kein Werkzeug sei）」（H: S. 709）という孔子（紀元前五五一－四七九）の根本原理も、このメカニズムをつくり出す障害となっていた。ウェーバーの理解では、その根本原理とは「普遍的、個人的な自己完成」の「倫理的理想」を意味していた。

さらには、中央の合議制的な官庁における職務兼任の原則、中央政府における地方財政の洞察力や条約締結権の欠如、皇帝の大祭官的、カリスマ的な性格に対応して、中央権力のさまざまな指令が下級官庁によって「命令」としてよりも「倫理的に権威のある諸提議あるいは諸要請」として扱われた傾向など。これらはいずれも、おなじマイナスの作用をいとなんだ。たしかに家産官僚制は、西洋におけるとおなじく中国においても、その発展に大国家の形成が結びついていた核心であった。それでも、「官僚制的な労働の『精神』」が両者においては異なっている。ウェーバーは、「この異なった『精神』が純粋に社会学的な諸契機に依存していたかぎり、それは、中国において貨幣経済の不安定性と結びついて発展していた公的諸負担の制度と関連していた」（E: S. 335）と強調している。

ここで、『経済と社会』第一部第三章の「支配の諸類型」（Die Typen der Herrschaft）と第三部の「支配の諸類型」（Typen der Herrschaft）によりながら、概念上の意味を明らかにしておこう。家産制とは「首長の純個人的な行政－（および軍事－）幹部」（H: S. 133）が成立している伝統的支配の一つであり、「家産制的」支配とは「家子あるいはそのほかの家従属民に土地を、そしてときとしては農具を貸与することによって分散化された家権力」（H: S. 683）である。そして家産官僚制とは、「不自由な官吏（奴隷、従士）が位階制的な編成のなかで即物的権限をもって、したがって形式的には官僚制的な仕方で機能しているばあい」（H: S. 127）をいう。

中国の家産官僚制についてみると、政府の公式の官吏は奴隷や従士ではなかった。そうであれば、その歴史的な性格はどのように規定されうるのだろうか。

ドイツの社会学者アルノルト・ツィンゲルレは、この点にかんしてつぎのように述べている。「中国の家産官僚制が生成し、かつ通過してきた歴史的な過程は、『純粋』家産制と『身分制的』家産制との二つの理念型的な極のあいだの緊張分野としてとらえることができる。」(Ra: S. 53) 中国の家産官僚制が身分制的家産制でないのは、行政手段にたいする決定的な権利が皇帝政府の手中にあったからであり、また純粋家産制でもないのは、専制君主個人の「恣意」が「ただ限られた、しかも特殊なばあいにのみ」活動の余地をもったからである。このようにみてかれは、「『身分制的』家産制と『純粋』家産制とのあいだの家産制的な構成要素」のうちに中国の家産官僚制を位置づけた。ウェーバーによれば、「伝統に拘束されない自由な恣意の領域」で動くのがスルタン制的支配であり、身分制的家産制から純粋家産制を区別するのは「行政をおこなうものと行政手段との完全な分離」(H: S. 134f.) である。こうしたウェーバーの見解をふまえるなら、ツィンゲルレの指摘には十分納得しうるものがある。

なお、ツィンゲルレが「治水事業」の評価をめぐるウェーバーとカール・A・ヴィットフォーゲルとの相違にふれ、つぎのようにとらえているのも正しいといえる。「治水事業は、ヴィットフォーゲルにおいては決定的なものであるが、ウェーバーにおいては中国の家産官僚制の展開にたいする多くの予定条件のうちの一つである。」(Ra: S. 62) なぜならウェーバーは、家産官僚制の権力の基礎として、ほかに軍事的な土木事業や、荘園領主制の欠如などをあげているからである。

ところで、官吏の「物質的状態」やその結果はどのようなものであったのだろうか。政府の支払う貨幣俸給はごくわずかだったので、官吏の生活や行政費用をまかなえなかった。そこで実際には、官吏は中央政府にたいして、下級官吏は地方政府にたいして、一定額の貢納を引きわたす義務を負っていたが、官吏は、自分で徴収した貢納、つまり租税と手数料から自分の行政費を支弁し、その残りを手もとにとっておくといったことがおこなわれた。したがって、家産制的な官吏の物質的状態の特徴は、つぎの二つの点にある。（一）、官吏がかれの管区の行政からえた所得は、かれの「秩禄」として扱われ、秩禄はかれの私的な収入から区別されない。（二）、官職の所有者は、かれの管区の行政と司法の費用だけでなく、かれの非公式の官吏幹部の費用も、かれの意のままになる収入から支弁しなくてはならない。

しかし、官吏たちは収入をあげる二つの手段を知っていた。一つは、徴収費用（少なくとも一〇％）と割増徴収である。もう一つは、租税徴収吏がその決定権を握っていた、かわりやすい相場のときに現物租税を貨幣にかえ、貨幣租税を銀、銅、そしてもう一度銀に両替することである。後者が主としておこなわれたけれども、これらのほかに、官吏のあらゆる職務行為にたいする「贈物」による返礼や、手数料料金表の欠如なども考慮されなくてはならない。こうして、「全体としての官吏階層」は巨大な秩禄所得を享受して保証されていた。しかし、「個々の官吏」はどうかといえば、まったく困難な状況におかれていて、官職の獲得が多くの費用を使わせ、借金をさせもしたので、短い官職の期間のあいだにできるだけ官職からもうけざるをえなかった。

ウェーバーによると、こうした秩禄制度の構造の結果は、「極端な行政上の、そして経済政策上の伝統主義」であった。そのさい「伝統主義」とは、「日常的に慣れたことを破ることのできない行為の規範とみなす精神的立場および信仰」（E: S. 269）を意味する。のちにふれるように、中国の伝統主義が「信念的に（ｇｅｓｉｎｎｕｎｇｓmäßig）基礎づけられていたかぎり」、ウェーバーは儒教の「現世順応」を重視する。しかし伝統主義は、信念的に基礎づけられていたのとならんで、「またきわめて『合理的な』諸基礎」（E: S. 346）をもっていたと指摘されている個所が重要である。

関税、通行税、そのほかの収入チャンスの「永続的な専有という西洋の方法」とは異なり、中国ではこうした収入チャンスは、個人的に専有されたのではなく、転任の可能性がある官吏の「全体としての」身分に専有された。それゆえ官吏は、結束してあらゆる干渉に反対し、「改革」を叫ぶ合理主義的な空論家を、激しい憎しみをもって連帯して迫害した。あらゆる改革一般が、個々の官吏の役得利害を危うくしたからである。官吏階層が「ひとりの人間のように」抵抗した理由は、ここにある。だからウェーバーは、「下からであろうと上からであろうと、ただ暴力的な革命だけが、ここでは改革をおこなうことができた」(E: S. 347) という。この一文は、状況の違いはあったとしても、中華人民共和国を誕生させた毛沢東（一八九三－一九七六）がウェーバーの慧眼によって指摘されているこうした歴史的事実を熟知していたのではないかとさえおもわせる。それはともかくとして、ウェーバーが家産官僚制に組み込まれている官吏階層の物質的状態、つまり秩禄制度の構造に伝統主義の合理的な基礎を見出しているのは明らかである。エートスとは何かについては改めてふれるけれども、官吏階層の伝統的エートスの発生基盤は秩禄制度の構造に求めることができる。

またウェーバーは、さまざまな地方の「地方分権主義」の源泉もこうした伝統主義のなかにあったとみている。地方分権主義は、第一に財政の地方分権主義であったし、地方官吏たちとその非公式の従者の秩禄が行政のあらゆる中央集権化によってもっとも厳しい危機にさらされざるをえなかったという事情から生まれた。かれはここに、統一的な経済政策のばあいとおなじく、「中央による帝国行政の合理化の絶対的な妨害」(E: S. 348) を見出している。貨幣経済と伝統主義の関係については、のちにふれることにする。そのさい、資本主義のさまざまな形態が明らかになろう。

家産制を土台にすえて中国の政治的な権力構造をみるならば、「氏族」の存在と村落の自治を無視するわけにはいかない。西洋では、氏族はすでに中世に消滅していたけれども、中国では、氏族は最小単位の地域行政や経済的な連合の方法にとっても保持されつづけた。だからウェーバーは、中央政府と官吏階層の緊張をふまえて、「上からの家産制的な統治は、それにたいする対抗錘として強固に形成された、下からの氏族の諸組織と軋轢を生じた」(E: S. 375) と述べている。たしかに「行政の合理的な所産」としての都市では、公的な皇帝の行政は効果的であった。しかし都市の城壁の外では、その権力は効果的ではなかった。村落では、氏族のそれ自体で大きな権力とならんで、「村落そのものの組織化された自治」が皇帝の権力に対立していたからである。ドイツ生まれのアメリカ社会学者ラインハルト・ベンディクスの表現を用いれば、「中央政府、その官吏たち、そして地方の利害諸集団のあいだにおけるこの三重の闘争のなかで、氏族連帯が一つの戦略的に決定的な役割を演じた」(U: S. 89) わけである。

三　カーストと種族カリスマ――インド――

ウェーバーからみると、中国とは異なり、インドの政治的な権力構造の歴史は、封建制と家産制の相克を示している。インドの政治的な編成は、無数の小国家への分裂と家産制的に管理された帝国への統括とのあいだを動揺しつづけた。しかし、これをも徹頭徹尾つらぬいていた中心的事実は、バラモン、クシャトリア、ヴァイシャ、シュードラの位階で名高いカースト制度である。ウェーバーはこの制度を重視して、つぎのようにいう。「バラモンたちが一つの『カースト』であったし、そうであること、そして、一般に『諸カースト』の制度、つまり一種のとくに排他的で厳格な出生諸身分がインドの社会生活で一つの役割を演じたし、なお演じていることは、周知のとおりである。」(E:

S.4）そのさいかれは、「部族」、「ツンフト」、「身分」との比較をとおして、カーストの概念上の特徴を政治社会学的な視点から解明している。かりに、伝統的エートスの発生基盤がカーストにあるとするなら、この点をはっきりさせておかなくてはならない。

まず、部族との関連からすれば、部族は「固定した部族地域」をもち、「血讐義務」や「氏族の媒介」によって結ばれているけれども、カーストは、「地方的な地域団体」でもなければ、血讐義務や氏族の媒介とも無関係である。ついで、部族は需要充足に必要な、しかも同時に可能な、あらゆる職業を包含し、あらゆる社会的地位の人びとを包括している。しかしカーストのばあい、カーストがカーストである性格を失わないかぎり、カースト追放のない、許された職業の種類は限定されている。職種の変更がカーストの分裂につながるように、カーストと職種は堅く結びついている。さらに、カーストは部族とは異なり、一つの、いっそう広いゲマインシャフトの内部における社会的地位と不可分に結合している。最後に、部族が政治団体であるのにたいして、カーストはけっして政治団体ではない。このようにみて、ウェーバーは、「カーストはつねに、そしてその本質からすれば、一つの社会的なゲマインシャフトの内部における純粋に社会的な、ばあいによっては職業的な部分団体である」（F: S. 34）という。

それならつぎに、カーストと「職業団体（ギルド、ツンフト）」との相違はどこにあるのだろう。ウェーバーは、中世西洋の職業団体とカーストを比較して、つぎの二つの点にその違いを求めている。その一つは、西洋のツンフトが「親方の自由な選択」と「子孫のほかの職業への移行」を可能にしていたのにたいして、カーストにはこれらがなく、とくに後者が完全に欠如している。もう一つは、「兄弟のような親交」の欠如。イタリアや北ヨーロッパにおける中世の都市は、原則として職業諸団体の連合体であった。しかし、政治的に完成された形態における中世後期の都市は、「都市の生業に従事している市民たちの兄弟のような親交」にもとづいていた。しかもとくに重要なのは、この親交がすべての時代において「食事ゲマインシャフト」を前提としていたことである。

中世西洋の職業諸団体はたがいにしばしば激しい闘争状態にあったとはいえ、それらはたがいに「兄弟のような親交への傾向」を示した。それにたいして、カースト秩序は食事ゲマインシャフトを前提とするそうした親交を排除した。ウェーバーは、「諸カーストのあいだの完全な『兄弟のような親交』は不可能であったし、不可能である」（F: S. 38）という。なぜなら、異なったカーストのあいだの完全な「食事の共同」が儀礼的に破りがたい障壁となっているのは、カーストの構成的原理のうちの一つだからである。下層カーストのものがバラモンの食事を一瞥するだけで、バラモンを儀礼的に汚してしまう。ウェーバーからするなら、異なるカーストのあいだの食事の共同を禁止したカースト制度は、「その『精神』からみて、ギルドとツンフトの制度とはまったく別のもの」（F: S. 36）にほかならない。食事の共同とのかかわりで、ウェーバーが西洋の「市民階級」の受胎時期を、宗教的にはアンティオキアの事件（「ガラテヤ人への手紙」第二章第一一、一三および次節）に求めているのはきわめて印象深い。

最後に、カーストがその核心において社会的地位と関連しているとすれば、それは、社会的地位に固有の本質を見出す「身分」といかなる関係にあるのだろうか。身分と階級の定義は『経済と社会』第一部の第四章にみられるけれども、ウェーバーは両者の関係を考察するにあたって、「ヒンドゥー教と仏教」のなかでも、階級と身分をつぎのように定義している。「『階級』とは、特定の利害関係の立場から経済的状態をおなじくする人びとの集団である。」（F: S. 41）そして、物質的な財あるいは特定の労働資格の所有ないし非所有が「階級状態」を構成する。一方、「『身分』とは、社会的な名誉または不名誉の性質であり、主として特定の生活態度によって制約され、表現される」。（*Loc. cit.*）とくに社会的な名誉は、階級状態に直接付着しうるし、たいていは何らかの形で、身分仲間の平均的な階級状態によって制約される。しかし他方では、身分への所属は、身分に適した生活態度が特定の財産や営利活動を優遇し、ほかのものを拒否することによって階級状態に影響をおよぼしている。身分は閉鎖的でありうるし、また開放的でもありうる。ウェーバーからみれば、カースト所属にともなう義務と障壁が存在し、しかも極端に高められた形で存在しているかぎり、カーストは疑いなく「一つの閉鎖的な身分」なのである。

ウェーバーはこの点を、「通婚」と食事の共同を検討することによって明らかにしている。ヒンドゥーーカーストにおいては、婚姻はカースト間においてだけでなく、下位（サブ）カースト間においても通例厳禁されている。カースト間の混血児は両親のいずれのカーストよりも低いカーストに属し、いかなるばあいにも、三つの上位（「再生」）カーストには入らない。カースト内部の厳格な内婚制を原則として、「カーストは通婚の領域で『身分的』諸原理を極端に強めていた」のである。食事の共同についても同様である。ヒンドゥーのカーストにおいては、あらゆるカーストの社会的地位は、バラモンたちがだれからカッチャー（「水で調理された食物」）とパッカー（「溶けたバターで調理された食物」）をうけとり、だれといっしょに食事をし、喫煙しうるかということにかかっている。バラモンは、食事の共同問題におけるその態度によって、カーストの地位を決定する最後の審判者なのである。

しかし、食事の共同の規則は一群の多くの規範と同一のカテゴリーに属するものであって、それらのすべての規範が食事の共同の規則とおなじく、「儀礼的なカースト地位の『身分的』諸特徴」とみなされる。こうしてウェーバーは、「身分というものは社会的に低位のものと社会的なつきあいをもたないのがつねである」と述べた上で、「『カースト』とは、『身分』からみれば、このような社会的な遮断の、宗教的なものあるいはむしろ呪術的なものへの高揚と移調を意味する」（F: S. 44）ととらえた。

ウェーバーはインドのカーストの本質を以上の点に見出している。しかしかれは、カーストのほかに、さらに「種族カリスマ」の原理を重視する。インドの社会秩序は、世界のどこよりも広い範囲において、この原理にもとづいていたからである。そうであれば、ここでそれをみておく必要があろう。

種族カリスマという用語は、「(元来純呪術的に考えられた）非日常的な、あるいはいずれにせよ一般的には獲得しえない個人的な資格――つまり『カリスマ』――が、元来つねにそうであるように、ひとりの個人的な担い手にだけでなく、一つの氏族自体の成員たちに付着すること」(F: S. 51）を意味している。カリスマは後継者問題をきっかけとして日常化の軌道を歩むが、種族カリスマは、つぎのような信仰から生まれ、ほかのものへと推移していく。つまり、カリスマは氏族自体に付着する一つの性質であり、したがって有資格者は氏族の内部に求められるべきだとする一般にもっともな信仰が高まり、その結果、種族カリスマの観念とはもともと関係がなかった「世襲性」への移行が実現される。呪術的な精霊信仰が包括する領域が広く、しかも思考上、それが首尾一貫しておこなわれればおこなわれるほど、種族カリスマがとらえることができた範囲もまたそれだけ広かった。英雄的、呪術－祭祀的な能力ばかりでなく、あらゆる種類の権威ある地位と特殊な能力、たとえば技術的な能力や職人的な能力までも、呪術的な種族カリスマに付着したものと考えられた。こうしてインドでは、この発展がほかのところで仕上げられる程度をはるかにこえて完成されたものになった。『経済と社会』第一部の「支配の諸類型」では、「世襲カリスマの発展の古典的な国はインドであった」(H: S. 147）といわれている。たしかにそうだとしても、種族カリスマの支配がとりわけ「権威あるさまざまな地位の領域」でもっとも強くあらわれた（F: S. 52f.）ことを忘れてはならない。

種族カリスマ主義は、とくに早くから「教権制的な権力の担い手たち」をとらえた。なぜならかれらは、呪術的カリスマによってはじめから「トーテム組織（あるいはトーテム団体)」の枠外に立っていたからである。アーリア人のあいだでは、古代の「供犠祭司たち」はすでに最古のヴェーダの時代に高貴な祭司貴族となり、そのおのおのの氏族は世襲的な仕事とそれに対応する種族カリスマにしたがって、世襲的な「学派」に分かれていた。「かれらの氏族が要求した呪術的な種族カリスマの高度な卓越性のもとで、かれらとその後継者たち、つまりバラモンたちとは、ヒンドゥー教社会のなかにこの原理を広める最重要な担い手となった。」（F: S. 57）ウェーバーは、インドの社会制度の中心的な支柱を、カーストとならんで種族カリスマの原理に求め、バラモンが早くからさまざまなカーストの頂点に自己の権力を構築したと同時に、種族カリスマの原理を強力に普及させたとみているのである。

バラモンの権力を保証したカーストと種族カリスマとの相互関係について、ウェーバーはつぎのようにとらえる。すなわち、一方では、呪術的な種族カリスマ主義が呪術的なカースト疎隔の形成に貢献せざるをえなかったとともに、他方では、カースト秩序が氏族の意義を強化させるのに役立たざるをえなかった。高貴さを要求したすべての階層は、「支配者のカースト」、つまりバラモンのカーストを手本として自己を組織しなければならなかった。そして、社会的境遇、儀礼的義務、生活態度、職業地位などの世襲という原理が、すべての権威ある地位のための種族カリスマ的な原理に最後の決定的な聖別をあたえた。したがってかれは、「種族カリスマがカーストを支えたと同様に、カーストは反対に氏族のカリスマを支えた」（F: S. 57）という。

四　知識人と権力

アジアにおいて伝統的エートスを形成させる要因となっていたのは、すでに明らかにしてきたところから推察されるように、中国では家産制や家産官僚制であり、インドではカーストや種族カリスマであったとみてまちがいない。伝統的エートスの内実に違いがあるとしても、それを中心的に担っていたのは、中国の官吏階層とインドのバラモンたちであった。そうであれば、上流の「読書人身分」としての両者を比較しておかなくてはならないだろう。

ウェーバーによれば、中国の読書人たちは、神聖な伝統の生きた担い手として神聖視された元首、つまり皇帝としての「大祭官」のもとに集まっていた。そして大祭官そのものは、また唯一の現世的な君主、つまり「大封主」でもあった。ウェーバーの「儒教と道教」では、皇帝としての大封主は「同時に、そして何よりもまず」正当な「大祭司」であったと強調されている。それにたいして、インドにはこれに相当するものが存在していない。

インドでは、「読書人階層」は分立国家の時代には小支配者と対立し、小支配者はかれの権力の源をなすひとりの正当な君主を掌握していない。したがって「正当性の概念」は、つぎのようになる。個々の王侯は、かれ自身がバラモンたちにたいする態度の点で神聖な伝統に結びついているばあい、しかもそのかぎりで、「『正当な』、すなわち儀礼的に正しい支配者」とみなされる。しかし、インドの王は、かれの権力自身が儀礼的な事柄においていかに大きくても、そのものとして同時に祭司ではありえない。つまりウェーバーは、政治社会学的な視点に立って、「政治的かつ祭司的な最高権力の一元性あるいは二元性（Einheit oder Zweiheit）」（F: S. 139）という重要な違いに着目しているのである。かれが読書人身分をめぐる政治的な権力中枢の社会構造上の相違を重視するのは、この相違が基本的な原因となって、つぎのようなさまざまな帰結を生んだとみているからである。

第一に、この相違は「両者の知識人階層の社会学的構造」にたいしてきわめて重要であった。中国では、皇帝の大祭官職が現世の権力を再統一すると、君主は大祭官として、自己の権力利害に応じて、官職への許可を文書教養にかんする個人的な資格に結びつけ、それによって封建制度にたいして家産制をたしかなものとする状態にあった。つまり、読書人階層はすでにみたような「官僚階層」となったわけである。しかしインドでは、新参者の資格にかんする見解を決定するのは、教養のある祭司層自身であった。バラモン層のヴェーダの祭司貴族への同化とともに、カリスマの問題は教義の上で決定されるようになり、最初の統一王国が成立したときには、独立した祭司層は「種族カリスマ的ツンフト」、すなわち確固たる教養資格をもつ「カースト」として、確実に宗教上の権威をもつようになっていた。

第二に、ウェーバーは、「政治的かつ祭司的な最高権力の一元性あるいは二元性」に制約された、こうした知識人階層の社会構造上の違いが「『世界観の』性格と実践倫理の性格」（F: S. 140）に重要な影響をあたえたとみる。中国では、神聖政治的な家産制と国家官職候補者からなる読書人階層が「純粋に功利主義的な社会倫理」の基盤をなした。つまり、臣民の安寧にたいする支配者のカリスマ的責任とならんで、教養に誇りをもつ読書人階層の立場からも、「『福祉国家』思想」が生じたわけである。俗物は物質的な福祉以外の何ものも追求できず、物質的な配慮がまた平穏と秩序を維持する最善の手段でもある。読書人階層のこのような考え方はエートスと解せないこともないけれども、ウェーバーは、かれらのそうした考え方の発生基盤を「官僚制自体の秩禄受領者理想、つまり紳士生活の基礎としてのたしかな固定所得」（F: S. 141）に求める。そしてかれは、「平等化する中国の家産官僚主義」が「『有機体的な』社会理論と国家理論」を抑制したとみる。

この点では、インドはきわめて異なっている。牛の屠殺を例外として、普遍的に妥当する倫理は存在せず、「身分的に特定された、私的かつ社会的な倫理」だけが存在したにすぎない。この倫理こそ「カースト所属によって制約された具体的なダルマ」にほかならず、相互に異なるばかりか、相互に対立する「さまざまな身分的倫理の並存」が当然だとされる。「自然法」や「人権」は成立しなかったし、さらに「国家」と「公民」あるいは「臣民」の概念も存在しなかった。ドイツの社会学者・民族学者ヴィルヘルム・E・ミュールマンが、「ヒンドゥー教のカースト社会はあるが、ヒンドゥー人の民族はない」（Aa: S. 268）と述べたのは、まことに正鵠をえているといえよう。王侯にとっては、「もっとも露骨な『マキアヴェリズム』」が自明のこととされた。ウェーバーによれば、インドの理論は「『政治倫理』の問題」をとり扱わなかったし、普遍的な倫理と自然法が欠けているばあいにはとり扱うことができなかった。

中国とは対照的なインドのこうした現象との関連で、ウェーバーはつぎのようにいう。「ここでは、政治的な支配者たちとならんで自立的に存在している祭司権力は、自己とならんでおなじく独裁的に存在している政治的な諸権力の世界を顧慮しなければならなかった。祭司権力は政治的な諸権力の固有法則性を承認した——とにかくそれはそうせざるをえなかったからである。」(F: S. 141) ここには、政治的かつ祭司的な最高権力の二元性に起因するバラモンの政治的権力にたいする姿勢がみごとに浮き彫りにされている。つまりウェーバーは、中国とインドの知識人階層の決定的な差異を、政治的な最高権力と祭司的な最高権力が一致していたか、あるいは分離していたかという政治社会学的な相違からとらえているわけである。しかもかれは、中国とインドにおいて、世界観と実践倫理が大きく異なってしまった理由も、やはりおなじように、権力との関係における知識人階層の社会構造上の対照から知識社会学的に明らかにしているのである。二つの知識人階層の政治社会学的かつ知識社会学的な違いは、アジアにおける伝統的エートスの根本的な相違を説明する一つの重要な要因だといえよう。

最後に、二つの知識人階層の「禁欲」と「神秘主義」にたいする態度や、「宗派宗教心」にたいする対応の仕方についても、一元性あるいは二元性という政治社会学的な構造が関連していた。まず、バラモンたちが出自と持続的な性質からみて、祭司つまり「呪術師」であったのにたいして、中国の読書人たちは、政治的な官職官僚制を運用し、呪術的な技術とは何のかかわりももたず、むしろこの軽蔑すべき技術を道教の呪術師にまかせていた。中国でも隠遁生活と「瞑想」が栄えたとはいえ、読書人たちの官職秩禄受領者階層への転化とともに、現世内的に、しかも社会−

功利主義的にみて価値のない生活態度は非古典的として排斥された。したがってウェーバーは、つぎのようにいう。「神秘主義のなごりは、儒教の影のようにぼんやりした異端的な反面としてのみ儒教に随伴した。しかし、本来の禁欲はほとんど完全に枯死した。」(F. S. 148) これに反して、インドおよび神秘的な救済へ導く宗教心一般の地盤では、「宗派宗教心」の普通の形式は「秘蹟恩寵の施与」であった。そして、「神秘家」が預言者、伝道師などになったばあいは、アジアでは、かれは不可避的に「秘儀伝授者」となった。

しかし中国では、「皇帝の官職カリスマ」が、皇帝自身とならんで「自立的な恩寵権力をもつそのような諸勢力」(E: S. 500) を許さなかった。宗派の形成を阻止したのは、「儒教的な読書人官僚制」とともに、政治的かつ祭司的な最高権力の一元性にほかならなかった。宗派のたんなる存在さえ、国家の基礎としての家父長制的な原理を侵してしまう。魂の救済を配慮することは祖先たちのなすべき事柄であり、それ以外では、天によって正当化された皇帝とかれの官吏たちにのみあたえられている責務である。宗派の形成にともなう「祖先崇拝」の拒否は、官職位階制における規律や臣民の従順がそれにもとづいていた「恭順という政治的な基本道徳」への威嚇を意味する。だからウェーバーは、「家産制的な臣民信念 (Untertanengesinnung) の基礎としての祖先崇拝と現世内的恭順との根本的な意義」(E: S. 499) のなかに、儒教的な国家の実践的な「寛容」のもっとも重要な絶対的限界があったとも指摘している。この点は、家産制と家産官僚制がつくり出すエートスとは何かを示唆しているので、留意されてよい。

他方、インドでは、バラモンたちが「呪術師カースト」であったために、「呪術師－禁欲と呪術師－エクスターゼの部分」は、かれらが上流の知識人階層になればなるほど、ますます体系的に合理化されていった。この合理化は、禁欲と冷淡に対立していた中国の読書人たちには成就できなかった仕事であり、軽蔑された職業呪術師と道教徒の手中に放置されねばならなかった仕事である。ウェーバーは一元性か二元性かを重視する政治社会学的な視点から、

「両者の政治的な発展の出発点における決定的な相違は、ここにもはっきりとあらわれた」（F: S. 150）という。インドには、「バラモンの規制された日常生活態度の相対的に『禁欲的な』諸特徴」とならんで、非日常的な聖なる状態を獲得する「合理的な方法論」がある。つまり、儀礼的な所業やほかの有徳な所業だけでは達成できない「救済」が存在する。これは、カーストの世界における義務を質的にこえた非日常的な態度、すなわち「現世逃避的禁欲や瞑想」によって制約されている。インドでこうした方向へ救済が発展していったのも、バラモンの祭司的な最高権力が政治的なそれとならび立っていたからであろう。

インドにおける救済の発展は、自立的な上流の知識人階層のもとで予期されるように、「呪術的な救済状態の合理化と純化」を意味した。その合理化と純化は、つぎのような方向をたどった。第一に、呪術師の呪術的な秘力の代わりに、ますます個人的な救済状態、すなわち「法悦」が求められた。第二に、この状態は、読書人階層の身分的な性格にもっとも適合的である無感動的エクスターゼにもとづく「グノーシス」、すなわち神秘的な知識である霊知の性格を獲得した。こうした宗教的な救済探究は、神秘的な神探究の形式、神秘的な神所有の形式、あるいは結局、神的なものとの神秘的ゲマインシャフトの形式とならざるをえない。第三に、「現世の自然法則的、社会的かつ儀礼的な諸秩序による現世の合理的な解釈」（F: S. 154）が展開された。インドにおける救済についてはは改めてくわしくふれるけれども、こうしたことからわかるように、禁欲と神秘主義にたいするバラモンの考え方は、中国の知識人階層のそれとはまったく異なっていた。

五　家産制とカースト

家産官僚制を基礎とする中国の支配構造としての家産制、種族カリスマに支えられたインドの社会制度としてのカースト秩序。ウェーバーの政治社会学的な視点からすれば、これらが、中国とインドにおいて「自由な労働の合理的組織をもつ市民的経営資本主義の成立」を妨げてしまった。この点はとくに重要なので、まず、家産制やカースト秩序が中国とインドで「工業的資本主義」を阻止せざるをえなかった側面を考察し、そのあとで、この側面をすでに明らかにしたことと関連させて、支配構造や社会制度とエートスの関係としてとらえなおしてみたい。

中国では、純粋に市民的な工業的資本主義は、小資本主義的な萌芽から発展しえなかった。ウェーバーは、この発展を妨げた原因がすべて中国の「国家構造」にあったとみる。すなわち、家産制的国家の形式、とりわけ揺るがしがたい神聖な伝統の国と、絶対に自由な恣意と恩寵の国との並存という帰結をともなう「行政と法発見の家産制的な性格」（E. S. 391）が、この点でとくに敏感な「工業的資本主義」の発展を「政治的に」阻止せざるをえなかった。合理的経営へと発展する製造業が必要とするのは、「行政と司法の合理的に計算可能な機能」である。しかし、そうした行政と司法がそもそも欠如していた。すでにみたように、厳密な統一性を欠いた行政が合理的に計算可能なものでないのは明らかである。法についてみれば、ウェーバーは形式的な法ではなく、実質的な正義を追求する家産制に特有な「法発見の内的な性格」に工業的資本主義を妨害した原因を求めている。司法にかんしては、かれは「カーディー」裁判と「官房」裁判、西洋的な意味での弁護士の欠如などをあげている。つまり、支配構造としての家産制、とりわけその行政、法発見、司法の非合理性が近代資本主義の成立を阻止したわけである。

東洋的な特徴をもった「神聖政治的な、あるいは倫理的‐儀礼主義的な家産制的諸国家」でくり返しおこった現象は、つぎのようなものである。資産蓄積の最重要な、しかし「資本主義的」ではない源泉、つまり「純粋に政治的な官職秩禄」、これとならんで、御用商人と租税賃貸借人の資本主義、つまり「政治的資本主義」であり、さらに純粋に経済的な、すなわち「市場」によって生きている「商人層の資本主義」などである。それにたいして、「近代の発展に特有なものの本質をなした合理的な工業的資本主義」は、家産制的な政体のもとではけっして成立しえなかった。「なぜなら、工業的『経営』における資本投資は、このような統治形態のさまざまな非合理性にたいしてあまりにも鋭敏であり、しかも国家装置の均整のとれた合理的な機能を一つの機械のように計算できる可能性にあまりにもはなはだしく頼っているので、中国のような行政のもとでは成立することができない。」(E: S. 393f.) このようにウェーバーは念をおしているほどである。

さらに中国では、資本主義にとっての「政治上の予定条件」、とくに「合理的な戦争」や「海外交渉と植民地交渉」がみられなかった。前者の欠如は、武装的な平和によって制約された資本主義的な現象、つまり「戦時公債と戦争目的のための国家調達」を妨げた。後者の欠如は、海賊と結びついた地中海の海外貿易資本主義と植民地資本主義に代表されるような「略奪資本主義の例の諸変種」の発展さえ不可能にさせてしまった。ちなみに、ウェーバーは『経済と社会』第一部の「支配の諸類型」のなかで、通常の家産制的な権力の支配に適合的な四つの資本主義の類型を示している。すなわち、(a) 商人資本主義、(b) 租税賃貸借的、官職賃貸借的、官職売買的な資本主義、(c) 御用商人的、かつ戦費調達的な資本主義、(d) 事情によっては、プランテーション的、植民地的な資本主義 (H: S. 139) がそれである。中国のばあいには、(c) の後半部と (d) の欠如が指摘できるであろう。

一方、ウェーバーは、「貨幣経済の実施が伝統主義を弱める代わりに強めた」ことを、「純粋に家産制的な国家構成体の一般的な宿命」(E: S. 348) とみなしている。それというのも、貨幣経済は、秩禄によって指導的な階層である官吏たちの「営利チャンス」を生み出したからである。そのさい、営利チャンスは「レンテ生活者精神」を強めただけでなく、秩禄の利得にとって決定的な現存の経済的な諸条件の維持を、それに参加する階層の支配的な関心事にした。だから、貨幣経済の進歩とそれによって増大する「国家収入の秩禄化」とともに、「硬直」と評価される現象がエジプト、イスラーム諸国家、そして中国であらわれた。中国では、退職した官吏は、合法的にえた資産を土地所有に投資した。ウェーバーによると、「その息子たちは、資力を維持するために相続人共同体のなかに共同相続人としてとどまり、家族の若干の成員にふたたび勉学させるために資金を調達した」（E: S. 374f.）。収入のある官職につき、それによってさらにかれらの相続人共同体を豊かにし、かれらの氏族仲間に官職をえさせるためである。

都市貴族や大地主層が発展したのは、こうした政治的な財産蓄積があったからである。かれらは、封建的な特徴も市民的な特徴ももたず、むしろ「純粋に政治的な官職利用のチャンス」をみこして投資した。「それゆえ、資産の蓄積、とくにまた土地の蓄積を支配したのは、家産制的諸国家に典型的であるように、おもに合理的な経済的営利ではなく、——同様に貨幣営利の土地への投資に帰着した商業とならんで——とりわけ、内政的な略奪資本主義であった」（E: S. 375）とウェーバーはいう。官吏たちが現物租税の換金と両替によって資産をつくったことについては、すでにみたとおりである。この点にふれたドイツの社会学者ギュンター・アブラモフスキーは、大体において中国の資本主義は非合理的な性格のもので、「一方では政治的な官職暴利資本主義と略奪資本主義、他方では商人資本主義と投機家資本主義」（Q: S. 53）であったと指摘している。これはまことに的をついた見解だといえよう。

他方、インドについてみれば、ウェーバーは経済へのカースト秩序の影響を重視し、「この秩序が本質的に徹頭徹尾伝統主義的かつ反合理的に作用せざるをえなかった」点だけを考察する。カール・マルクスがインドの村落職人の独特な地位を独特の「アジア的諸民族の停滞性」の原因として示したのにたいして、ウェーバーは、社会的編成にかんするかぎり、村落職人の地位だけでなく、「カースト秩序全体」を停滞性の支柱とみなすことができると主張する。この点にふれた阿閉吉男が鋭く指摘しているように、これは「マルクスの見解を補正したもの」(Sa: p. 252) といえよう。

近代資本主義が完成した機構としてヨーロッパから輸入されたあとに、インドのカースト労働者を近代的な工場に雇ったり、インドの職人の労働を植民地におけるとおなじ形式で資本主義的に搾取したりするのは、近代では容易ではなかったが、結局、可能であった。しかしウェーバーは、「それでもやはり、カースト制度の地盤の上に工業的資本主義の近代的組織形態がかつて生まれたなどということは、まったくありそうもないことだとみなさざるをえない」(F: S. 111) と強調する。それというのも、あらゆる職業変更、あらゆる労働技術の変更が儀礼的な位階の格下げをもたらすといった儀礼規則は、みずから「経済的かつ技術的な革命」を生み出したり、その最初の萌芽を内部で可能にしたりするのに向いていなかったからである。インドの職人にみられる「さまざまな道具のステレオタイプ化」、つまり固定化は、「技術的な発展の最大の妨げのうちの一つ」であった。職人のそれ自体で強い伝統主義は儀礼規則によって極端に強められたので、工業的労働を組織しようとする商業資本にたいしては、西洋よりも本質的に強固な抵抗がおこらざるをえなかった。

商人たちはどうかといえば、かれら自身は、みずから労働の近代的な資本主義的組織を生み出せなかった典型的な東洋的商人層の枠のなかで、かれらの儀礼的な閉鎖性のなかにとどまりつづけた。たしかに商人カーストからも、資本主義的な企業家の一部が出ている。しかし、かれらが「近代資本主義の合理的経営」をみずから生み出しえたということにたいする徴候は何一つない。そのようにみてウェーバーは、「それは、まったく伝統主義的なインドの工業の領域からは疑いなくけっして生まれなかった」(F: S. 112) と力説する。

イギリスの管理のもとで、近代的な工業的資本主義、とくに工場が入り込んだが、インドの工場労働者は伝統主義的な特徴を示している。かれは「『臨時の』労働者」にすぎず、ヨーロッパの意味での「規律」はかれにとって知られていない概念である。企業家にとって有利な点は、労働者のカースト区分が労働組合の組織と「ストライキ」を不可能にしたことである。仕事場の労働は「清浄」であり、共同でおこなわれるが、そこでは、兄弟のような親交は市民たちの「共同宣誓」と同様にほとんど不可能であった。

ウェーバーによると、「バラモンたちの合理主義」（F: S. 118）に特徴的なのは、つぎの二つである。一つは、すべての個々の倫理的に重要な行為が不可避的に行為者の運命にその効果をおよぼし、それゆえそうした効果はけっして失われえないという思想の貫徹、つまり「『業』の教説」である。もう一つは、社会組織の内部における個人の社会的な運命とこの思想との結合、したがってカースト秩序とこの思想との結合である。業神義論はほかのところでもみられるけれども、業神義論とカーストのような社会秩序との「結合」こそ、ヒンドゥー教にとって独特なものなのである。カースト秩序に「抵抗しがたい力」をあたえたのは、「この思想的所産と再生の約束を媒介とした現実の社会秩序との結婚」（F: S. 131）にほかならない。だからウェーバーは、「業の教説に結びつけられたこうしたカースト儀礼主義の地盤の上では、経済の合理化による伝統主義の打破は不可能なことであった」（F: S. 122）と断言する。いいかえれば、工業的資本主義を阻止したのは、業の教説によって宗教的な救済の意義をあたえられたカースト秩序であった。かれが「近代的な経済」を妨害した要因をカーストという「全体的な制度の『精神』」に見出していたことについてははじめに指摘したけれども、近代資本主義の成立を妨げた原因は、社会制度としてのカースト秩序に帰属させられているわけである。

なお、中国の氏族とインドの種族カリスマが経済にあたえた影響にも若干ふれておきたい。ウェーバーによれば、中国の氏族団体は、家計の自給自足のための、したがって市場の保持を抑制してしまう「一つの強力な経済的支柱」であった。氏族が市場の自由な形成を妨げた点からみても、中国では近代資本主義は成立しえなかったといってよい。なぜなら、『経済史』において強調されているように、近代の資本主義は「合理的な資本計算」をもっとも一般的な前提とし、合理的な資本計算は「市場の自由」(K: S. 239)を一つの前提とするからである。インドでも種族カリスマは、「経済的におなじ方向」をとったとされているので、中国のばあいとおなじ影響を経済にあたえたといえるだろう。ただし中国では、氏族の種族カリスマ的な聖化が家産制のもとでの科挙制度によって打破されていたという違いはある。

六　支配構造と社会制度のエートス

支配構造や社会制度は、そもそもエートスをつくり出すのだろうか。もし支配構造や社会制度がエートスと関係しているとするなら、これまで明らかにしてきた内容は、どのようにとらえなおすことができるのであろうか。ここで簡単にまとめておきたいとおもう。

ウェーバーが実質的な宗教社会学的研究で用いるエートスとは、宗教倫理との関連で形成される「信念」、とりわけ「経済信念」であり、その信念につらぬかれた「生活態度」や「倫理的態度」である。ピューリタニズムによって育成されたエートスが合理的な特質をもった経済信念や生活態度であったことは、周知のとおりである。ところが、宗教社会学的研究から『経済と社会』第三部の「支配の諸類型」に目を転じてみると、かれはその第八章末尾で、

「支配構造、『信念』と生活態度」について論じたさい、やはり信念を重視して、支配構造が生み出す「『信念』の性質をとおしての支配構造の作用」に着目しているのである。かれはそこで、封建制と家父長制的家産制についてふれ、つぎのように述べている。「両者は、きわめて著しく相違した政治的かつ社会的なイデオロギーをつくり出したし、しかもそれによってきわめて異なった生活態度の様式をつくり出した。」（H: S. 749）さらにかれは、封建制の生活態度が「合理的経済信念（rationale Wirtschaftsgesinnung）の反対物」を生み出すとみている一方、「家産制的な行政の『精神』」は「所与の生活諸条件を転覆するような資本主義的発展」にたいしては、「よそよそしくかつ疑いをもって」対立する（H: S. 750ff.）と指摘している。すなわちかれは、宗教倫理のばあいと同様に、支配構造も特定の信念を生み出すとともに、その信念とそれにつらぬかれた生活態度、つまりはエートスを媒介として経済に影響をおよぼすとみているわけである。そうであれば、かれは支配の社会学もエートス論として展開しうると考えていたのではないかということに気づく。

この点、『経済と社会』第一部の「支配の諸類型」では、「経済行為の性質にたいしては、伝統的支配は、通常さしあたり、しかもまったく一般的には、伝統的信念（traditionale Gesinnung）の何らかの強化をとおして作用する」（H: S. 137）と明記されている。換言すれば、支配構造は、それが生み出すエートスとしての信念や生活態度の強化をとおして経済行為に作用し、それによってさらに経済に影響をおよぼしていく。おなじことは、社会制度についても妥当するであろう。じつは、ウェーバーは、さきの「家産制的な行政の『精神』」が資本主義的発展にたいして「よそよそしくかつ疑いをもって」対立すると述べたさい、そうした現象が「儒教的な官吏倫理」のなかにもっとも強くあらわれていると付言しているのである。このようにみてくると、家産制やカースト秩序は、それぞれ支配構造や社会制度として「伝統的信念」や伝統主義的な生活態度、つまり伝統的エートスを生み出し、そのエートスが原因となって近代資本主義の成立に否定的な作用をあたえたと解することができる。

エートスという用語が実証的な分析に導入されると、二人のアメリカ社会学者ケネス・アンダーセンとセオドア・クレベンガーの研究にみられるように、「非本質的エートス」が「一定のスピーチ以前に存在する話し手のイメージ」として把握されたり、「本質的エートス」が「メッセージの発表のあいだに生み出される話し手のイメージ」(R: pp. 235-242) と規定されたりする。エートスの変化に留意しているのは評価できるけれども、エートスを話し手のイメージととらえたのでは、あまりにも表面的であり、主体のなかにエートスとして形成される信念や生活態度が引き起こす歴史的な作用が無視されてしまう。支配構造や社会制度が生み出すエートスは、合理的なものであれ非合理的なものであれ、何らかの点で経済に影響をあたえ、歴史的な作用を発揮する。

このような視点に立てば、中国の家産制と家産官僚制は、その秩禄制度の構造によって官吏階層のあいだに「伝統的信念」や伝統主義的な生活態度をつくり出したといってよい。そして、これらの伝統的エートスを規律と福祉国家思想として表現させたのは、政治的かつ祭司的な最高権力の一元性にほかならなかった。ウェーバーが、読書人階層は「『職責』と『公益』のエートス」(E: S. 399) をつくり出したというとき、それは、規律と福祉国家思想に支えられた信念や生活態度をさしているようにおもわれる。しかし家産制は、貨幣経済の実施によって官吏階層の伝統的エートスを「レンテ生活者精神」として強化させたばかりでなく、「内政的な略奪資本主義」のエートスへと変容させてしまった。そして、家産制と家産官僚制が臣民のあいだに育成したエートスは、「祖先崇拝と現世内的恭順」をその内実とする「家産制的な臣民信念」(E: S. 499) であったといえよう。

これに反して、インドのカースト秩序が生み出したエートスは、中国よりもはるかに強い「伝統的信念」であり、比類のない極端な伝統主義である。種族カリスマの原理がこの伝統的エートスを補強したであろうことは明らかである。政治的かつ祭司的な最高権力の二元性の上に立つバラモンは、「身分的に特定された、私的かつ社会的な倫理」を生み出した。しかし、社会的な倫理といっても、絶対不変の儀礼的禁止が屠牛の禁止であることからわかるように、この倫理のエートスは、現世におけるカースト義務の厳格な遵守であり、およそいかなる「合理的経済信念」とも縁遠い。二元性の構造に着目すれば、それが少数のバラモンを権力をもつマジョリティにし、そのほかの多くのカースト成員を権力をもたぬマイノリティにしてしまった。ウェーバー自身が『宗教社会学論集』の第二巻を編纂していないので、「ヒンドゥー教と仏教」においては、「エートス」という言葉は一度も使われていない。それでも、中国との対比でエートス論の視座からインドをみるなら、このようにとらえることができるはずである。

　たしかに、中国の家産制とインドのカースト秩序は、いずれも合理的な「工業的資本主義」が成立するのを妨げてしまった。前者は「政治的に」、後者は「伝統主義」を打破できずに。

　しかし、ただそれだけではなく、つぎのことをつけ加える必要がある。すなわち、アジアのさまざまな宗教に固有の宗教心とならんで、中国の家産制が支配構造として、インドのカースト秩序が社会制度として、それぞれ生み出した「伝統的信念」や伝統主義的な生活態度、つまり伝統的エートスが、おなじように近代資本主義の成立を阻害する作用をおよぼした。ウェーバーの「儒教と道教」や「ヒンドゥー教と仏教」にみられる政治社会学的な分析からは、そのように推断できるであろう。もちろん、両者のエートスの内実が異なることはいうまでもない。これまで明らかにしてきたところからすれば、ウェーバーは中国やインドでは、宗教心よりも、むしろ支配構造や社会制度によってつくり出された伝統的エートスのほうが近代資本主義の成立を強力に阻んだと考えていたようにおもえてならない。

　はじめに確認したように、中国では、「合理的な経営資本主義」は「ある種の信念上の諸基礎の欠如によって」も妨げられていた。その点ウェーバーは、「とくに中国人の『エートス』にその場所を見出したし、しかも官吏階層と官職候補者階層によって担われていたような態度決定によって」（E: S. 395）妨げられていたと重要な一文を書き加えている。それでは、そうしたかれらの「態度決定」とは、どのような特徴をもったものだったのだろう。一方、インドの宗教が合理的経済信念や合理的な生活態度を生み出せなかった根本的な理由は、どんなところにあったのか。禁欲的プロテスタンティズムが「意図されなかった結果」として産み落としたような「近代の経済エートス」は、なぜアジアでは生まれなかったのだろう。ウェーバーは中国やインドの宗教心をどのようにとらえていたのだろうか。

七　儒教と道教

よく知られているように、中国の官吏階層と官職候補者階層の「態度決定」に大きな影響をあたえていたのは、儒教であった。それは、支配層である読書人たちを出身母体とする強大な官吏階層の倫理である。ウェーバーは、中国の言葉には「宗教」にたいする特別な単語がなく、儒教にたいする公式の中国の名前は「読書人たちの教説」（E: S. 432）であったという。その儒教は、仏教と同様に「倫理」にすぎなかったけれども、仏教とは著しく異なって、「現世内的な俗人の道徳」であった。しかもそれは、仏教とはさらに対照的に、「現世への、その諸秩序および因習への順応」であったし、結局は、「政治的な格率と、教養のある現世主義者たちのための社交上の礼儀作法との一つの巨大な法典」（E: S. 441）にすぎなかった。「救済」という思想は儒教の倫理には完全に欠けていた。儒教徒は社交上の無作法という品位のない野蛮さから以外、いかなるものからも「『救済』されること」（E: S. 445）をのぞまなかった。儒教徒にとって「罪」とみなされたのは、社会的な根本義務である「恭順」にたいする違反だけだった。

「道」（»Tao«）とは、それ自体一つの正統的に儒教的な概念であり、「宇宙の永遠の秩序」、しかも同時に宇宙の経過そのものである。世界の宇宙的諸秩序は不変で、破ることができず、社会のもろもろの秩序は、それらの秩序の「一つの特殊な例」にすぎない。神霊たちの宇宙的諸秩序は世界の、とくに人間たちの幸福を願う。社会のもろもろの秩序も同様なのである。そのばあい、皇帝権力のカリスマとならんで、「家産制的に統治された偉大なゲマインシャフトと考えられた社会の指導に責任があった人間たち、つまり官吏たちの行動」（E: S. 441）に、すべてがかかっていたのである。では、職業生活と所有にたいする官吏階層の「態度」とはどのようなものだったのだろうか。

ウェーバーの目からみるなら、あらゆる身分的な倫理のばあいとおなじように、中国においても「経済的なものにたいする態度」は、「消費」の問題であって、「労働」の問題ではない。経営を修得するのは「『気高い』人間」（der »höhere« Mensch）にとって、やりがいのあることではない。それは気高い人間には本質的にふさわしくないものだ。富そのものを根本的に否定するなどといったようなことからではない。ただ「富の獲得」に心を配ることだけは制限された。経済の文献は官人たちの文献だった。あらゆる官吏道徳と同様に、儒教の官吏道徳もまた当然、官吏が直接的にも間接的にも営利にみずから関与することは、「倫理的にいかがわしく、しかも身分に反する」（E: S. 447）として否定した。ただ私的な利益に関心をもっている人としての資本家は、官吏になってはならなかった。

儒教のばあい、官職の地位は、気高い人間にふさわしい唯一の地位である。それというのも、ただそれだけが「人格の完成」を許すからである。高貴な人間は「多面性」をえようと努力する。儒教的な意味での「教養」だけがこの多面性をあたえてくれるのであり、まさに官職が人間に要求するのもこの多面性なのである。ウェーバーは後段にかんして、「家産制国家における合理的な専門特殊化の欠如にふさわしい」（E: S. 449）とつけ加えている。その上でかれは、すでに示した孔子の言葉を引用しながら、つぎのように述べている。「『高貴な人間は道具ではない』という基本的な命題は、高貴な人間が自己目的なのであり、しかも道具のように、一つの特殊化された有用な利用のための手段にすぎないのではないということを意味していた。」(*Loc. cit.*) 諸侯のような「品位のある人間」、つまり多面的に教養のある儒教的な「紳士」。その「紳士」の身分的な高貴さという理想は、ポリスの地盤の上で生み出され、人間はかれが「一つの責務」において有能さを発揮することによってのみかれの使命を果たしうるのだという確信から生まれた、社会的に方向づけられたプラトン(紀元前四二七—三四七)の理想とはまったく対照的であった。しかもウェーバーからみれば、高貴さという理想は、まさに「禁欲的プロテスタンティズムの職業概念にたいして、さらにいっそう強い緊張関係に立っていた」(*Loc. cit.*) のである。

　こうした多面性にもとづく「美徳」、すなわち「自己完成」は、一面化によってのみ手に入る「富」以上のものであった。「物質的な豊かさ」は、倫理的にみて、何よりもまずけっして「誘惑の原因」(E: S. 435) などというわけではなく、逆に、道徳を促進するためのもっとも重要な手段であった。キリスト教のあらゆる宗派は物質的な豊かさを「誘惑の原因」と考えていたのであって、ウェーバーは、こうしたところに儒教とキリスト教の「もっとも鋭い対立」を見出している。儒教のばあい、人はもっとも影響力のある地位についていても、教養から生まれてくる美徳がなければ、世間では何も達成できない。逆に、影響力のある地位がなければ、多くの美徳も何の役にも立たない。したがって、「気高い」人間はこうした地位を求めたのであって、営利ではなかった。

　以上が、ウェーバーが「大家」とよぶ孔子自身に帰せられる短い表現様式における、職業生活と所有にかんする儒教の基本命題である。それが官吏階層のあるべき態度をあらわしていることは、いうまでもないであろう。ウェーバーによると、この基本命題は、イスラーム教の封建的な奢侈の喜び、仏教の現世財への執着の拒否、ヒンドゥー教の伝統主義的な職業倫理と対立していた。しかもその命題は、「ピューリタンの合理的に専門化された職業における現世内的、禁欲的な営利労働の美化」にたいしてもきわめて明白に対立していたのである。

ただし、基本的な対立を度外視すれば、官吏たちの態度は、個々のさまざまな点で、ピューリタンの「冷静な合理主義」（E: S. 450）と類似していたとウェーバーはみている。これについては、のちにふれたいとおもう。それにしても、儒教の高貴な紳士とは、結局のところ、「親切」に「気力」を、しかも「知識」に「正直さ」をあわせもった人間であった。しかしすべては、「つつしみ」の限界内でのことであり、普通の人間にはこの限界が欠けていて、「中庸」への道が閉ざされていた。しかも、すべてはとりわけ「社交上の礼儀作法の適切さ」の限界内でのことであった。ウェーバーは、「このことがこの倫理にはじめてそれに固有の特色をあたえた」（E: S. 451）という。儒教の倫理に本質的な特徴は、この点に求められるであろう。文学的な研究によってえられた、伝統と古典的規範にかんする知という意味での「知識」は、儒教においてはつねに決着をつける「最終的な拠り所」（E: S. 457）でありつづけた。

古典を学ぶことによって「文学的教養」を修得し、社交上の作法を重視して「中庸」を心掛け、祖先崇拝と恭順を実践しながら「自己完成」をめざすよう要請したのが儒教であった。儒教は、ウェーバーの表現を用いるなら、いわば「官職教会の態度決定」であって、「正統」の立場である。これにたいしてかれは、「異端」とされる「非古典的な民族宗教」がそれとは異なった方向の「生活方法論」の源になりえたかどうか、しかもなったかどうかを問題とする。こうしてかれは、中国における仏教の影響は「経済信念」の点では相対的に重要ではなかった（E: S. 463）とみて、道教を集中的にとり上げた。

道教は、中国民族に固有の宗教で、生没年が不明の春秋時代の老子と戦国時代の荘子（紀元前三七〇ころ－三〇〇ころ）を始祖とし、後漢末に道教の源流の一つとなる五斗米道を創始し、政治と宗教を一体化して「教会国家」という自立政権を築いた張陵一族などをへて体系化されていった。ウェーバーによると、道教は「現世逃避的な知識人階級の教説と、現世内的な、それ自身きわめて古い呪術師の営業との融合」(E: S. 477)から生まれた。ただし、老子はおそらく「学派」のようなものを残さなかった(E: S. 473f.)とみられている。「道」は美徳への道という意味では正統的な儒教の中心概念であったが、「神的な唯一のもの」という意味では、「道」は、孔子にも老子にもまったくおなじように妥当する概念であった。しかし孔子とはちがって、老子は「神秘家」だったので、「道」は神の探求と関連づけられた。そして老子は、「開悟」の妨げになるとして文学的知識を嫌悪し、最高の救済を、一つの心的な状態、つまり「瞑想」によってえられる「道」の神的な原理との「神秘的な合一」に求めた。これは、西洋の「禁欲」のばあいのように、積極的に行為することによって確証されるような恩寵状態ではなかった。

この点、ウェーバーが『経済と社会』第二部第四章の「宗教社会学(宗教的ゲマインシャフト関係の諸類型)」のなかで、東洋およびアジアの救済宗教心が「瞑想」に、西洋のそれが「禁欲」に向かっているところに、両者の「歴史的に決定的な相違」(H: S. 316)があると指摘しているのを見落としてはならないだろう。また、かれが預言の類型を「倫理的預言」(ethische Prophetie)と「模範的預言」(exemplarische Prophetie)の二つに分類したさい、後者は仏陀(紀元前四六三―三八三、または紀元前五六四―四八四)によって代表され、さらに「インドと、個々の範例においてはまた中国(老子)および西南アジアの預言」(H: S. 255)にも特有であるとし、老子の名前をあげているのを忘れてはならない。

その老子についてウェーバーは、「老子自身のばあいは、むしろ現世行為を最小限に抑えることが、神秘的な救済所有の性質の、少なくとも根本的に直接的な帰結であった」(E: S. 468)と述べている。しかし、あらゆる中国人の「価値評価」における一般的な傾向、つまり「長命」を重んじる傾向や、完成した人間にとっては、死は避けうるはずの絶対的な悪だとする信仰などを背景に、「長命術」の体系化がはじまった。そうなると、「魔よけ的かつ治療術的な呪術の全体を合理化すること」が広範囲にわたって進められていかざるをえなかった。その「理論的な諸成果」は二つの学派の共有財産となったけれども、その「実践的な利用」は、非古典的な学派である道教にいつまでもまかされることになった。こうして老子の「道」の教説は、「純粋に呪術的な方向転換」へと軌道修正させられていったわけである。ウェーバーが始皇帝の長命仙薬をめざした海洋探検隊にふれているのは、何とも興味深いかぎりである。

ウェーバーは、かれより一〇歳年長のオランダの中国学者・宗教史家デ・フロートの文献によりながら、中国の時卜占術、占星術、呪術的治療術などをくわしく紹介している。そのなかで、ウェーバーがとくに重視しているのは、「土砂卜占術の実践の圧倒的な発展」である。九世紀に「『諸形式』派」がアニミズム的色彩のいっそう強かった女性競争者に勝利していらい、山、岩石、樹木、河川などの「形」は土砂卜占術からみて意味があり、一つの岩塊もその「形」によって鬼神たちの攻撃からすべての領域をまもってくれるとされた。土砂卜占術の立場からすれば、運河建設、道路建設、架橋工事などは危険だったので、何キロにもおよぶ迂回路がつくられていたほどである。とくに鉱山経営の様式は、改革がおこなわれるばあいには、神霊たちを激昂させるのにつねにうってつけであった。ましてや、中国では西暦紀元前に石炭を知り、使っていたけれども、鉄道施設や煙を出す工場施設は、周囲全体を「呪術的に」毒で汚染すると恐れられたことだろう。だからウェーバーは、「こうした信仰および土砂卜占術師の手数料利害に根拠をもっている、技術と経済の呪術的なステレオタイプ化は、その地に特有の所産としての近代的な様式の交通経営と工業経営の成立を完全に不可能にした」(E: S. 483f.)と断言している。

「呪術的に『合理的な』科学という上部構造」、具体的には、時卜占術や土砂卜占術などが、中国人の少しも劣っていない才能の上にかぶさっていた。それらについては、民衆の態度と呪術的な営利関心、したがってしばしば異端が、実践的には主導的であった。そうだとしても、「読書人カースト」も、かれらはかれらで、こうした呪術の「合理化」に決定的に関与していたのである。このようにとらえてウェーバーは、神聖な数字の五をともなった宇宙進化論的な思弁、大宇宙と小宇宙との対応など、中国の「万有神的」哲学と宇宙進化論が世界を「一つの呪術の園」に一変させたとし、「奇跡の倫理的合理性」（E: S. 484）は問題にならなかったという。

ウェーバーによると、道教は、儒教と同様に伝統主義的であっただけでなく、その無文学的な非合理性によって、儒教よりもはるかに「いっそう」伝統主義的であった。「しかし道教は、まったく固有の『エートス』を知らなかった。つまり、生活態度ではなく、呪術が運命を決定した。」（E: S. 485）この引用文からは、「生活態度」がエートスであることを読みとれるにちがいない。それにしても、このように述べるウェーバーからみれば、そうした状態からは現世内的にせよ、現世外的にせよ、一つの合理的な「生活方法論」にはいきつかなかっただけでなく、道教的な呪術は、このような方法論の成立にたいする「もっとも厳格な障害のうちの一つ」となってしまった。こうしたことが、道教をその発展の最終段階において、まったく逆に向かっていた儒教から区別した。儒教は、「美徳にたいして」呪術は無力だとみなしていた。しかし、呪術的な世界像にたいする儒教自身の頼りなさがあった。それが、たとえ軽蔑していたとしても、道教徒の基本的な、純粋に呪術的な諸観念を、儒教がいつか根絶できるような内面的状況にいたるであろうことを完全に妨げてしまったのである。「したがって、中国の宗教心は、その公的な、国家祭祀的な傾向においても、またその道教的な傾向においても、たとえばピューリタンのような、宗教的に方向づけられた個々人の生活方法論のための十分に力強い動機をみずから生み出すことができなかった。」（E: S. 490）これが、ウェーバーの結論である。

八　儒教とピューリタニズム

ウェーバーは「儒教と道教」の最終章で、儒教の合理主義とピューリタニズムの合理主義の違いを明瞭にするために、両者を詳細に比較している。ここでは、そのいくつかをとり上げておこう。

まず第一に、「経済信念」にかんして。儒教的な中国人の義務の内容は、具体的な生きている人間もしくは死者にたいする恭順であり、けっして一つの超現世的な神、したがって一つの神聖な「責務」や「理念」にたいする恭順ではなかった。こうした即物化の人間主義的な限界は、「経済信念」にたいしてもまったく疑いなく、客観化する合理化の一つの限界として重大な影響をおよぼした。なぜならその限界は、個人を即物的な「使命」（「経営」）の代わりに、かれの氏族仲間やかれとつながりのある氏族のような仲間と結びつけるような傾向をもっていたからである。あらゆる業務関係の基礎である「信用」が、つねに親類関係や親類関係のような純粋に個人的な関係にもとづいていたことは、深刻な経済的意義をもたざるをえない。倫理的な諸宗教、とりわけ「倫理的かつ禁欲的なプロテスタンティズムの諸宗派」の偉大な業績は、「氏族のきずなを打破したこと」であり、血のゲマインシャフト、激しくは家族にたいしてさえ、「信仰および倫理的生活態度のゲマインシャフトの優越性」（E: S. 523）を構築したことであった。つまり経済的にみれば、「即物的な職業労働において確証されたような個々人の倫理的な諸性質の上に営業上の信用を基礎づけたこと」（*Loc. cit.*）であった。宗教との関連で形成される経済信念、つまりエートスからみた儒教との決定的な違いは、この点にある。

「経済政策で資本主義的な経済信念はつくり出せない。」こうウェーバーは強調する。分国国家時代の商人の貨幣収入は、国家の納品業者たちの政治的な利益だった。大規模な鉱山の夫役が金の探索に向けられた。しかし、儒教とそれに規定された倫理から「一つの市民的な生活方法論」へと導くいかなる「中間項」(Mittelglied) も欠けていた。ウェーバーからするなら、「こうした市民的な生活方法論」だけがもっぱら重要なのである。「それをピューリタニズムは —— まったくその意志に反して —— 生み出してしまった。」(E: S. 524) ウェーバーはその現象を「意欲にたいする作用のパラドックス」と表現している。ここで「作用」といっているのは、例の「所有の世俗化的作用」であることは説明するまでもないであろう。

第二に、「生活態度」についてはどうであろうか。ウェーバーの目からすれば、中国人の生活態度には、「『内面から』、つまり何らかの自己の中心的な立場からそもそも規制された生活態度の統一」(E: S. 518) が欠けていた。そうした欠如は、無数の因習によって築き上げられた生活態度の束縛と基本的な対照をなしている。ピューリタニズムと比べたら、どういうことなのだろう。儒教の倫理とピューリタニズムの倫理は、いずれも非合理的な停泊地をもっていた。前者のばあいは呪術であり、後者のばあいは超現世的な神の測り知れないみ心である。しかし、呪術からもたらされた結果は、伝統の確固たる不動性であった。なぜなら、呪術的手段と伝来の生活態度のあらゆる形式とは、神霊たちの怒りをまぬがれるためには変更できなかったからである。それにたいして、超現世的な神と、被造物的に堕落した、倫理的に非合理的な現世との関係からもたらされた結果は、伝統の絶対的な不浄性であり、所与の現世の倫理的に合理的な克服と支配にたいする、つねに新たな労働の絶対に終わりのない使命、つまり『進歩』という合理的な即物性」(E: S. 527) であった。それゆえ、ピューリタニズムの倫理における現世の合理的な改造という使命は、儒教の倫理における現世への順応とは対照的であった。

儒教の倫理とピューリタニズムの倫理は、いずれも「さめた自己抑制」を要求した。前者は、多面的に完成された完全な「現世主義者」の品位を維持するために。後者は、神の意志に焦点をあわせた生活態度の「方法的な統一」のために。儒教徒のさめた自己抑制がめざしたのは、外面的な身ぶりと作法の品位や「顔」をまもることだった。儒教の倫理は、社会的な上下関係によってあたえられた個人的な諸関係のなかで、「人間的な恭順の義務」を実践しながら紳士としての品位を保つような生活態度を要請した。それにたいしてピューリタニズムの倫理は、神の栄光と自己の救いを確証するために、神が欲するものとして「一つの統一的な中心から規制された確固とした諸原則にしたがった生活」を要求した。換言すれば、たしかに両者の生活態度は合理的であったとしても、儒教の現世順応的な生活態度が「外から内へ向けて」（von außen nach innen）決定されていたのにたいし、ピューリタニズムのばあいは、「内から外へ向けて（von innen nach außen）決定された生活態度」（E: S. 534）だったのである。生活態度としてのエートスからみれば、外から内へ向かって統一化するエートスか、逆に、内から外へ向かって統一化するエートスかといったきわめて根本的な相違があったといってよい。

第三に、「経済的な成功」と職業観について。中国のほとんどの実業家はピューリタンとおなじように、成功と不成功を神の諸力のせいにした。しかし中国人は、かれの（道教的な）「富の神」のせいにした。すなわち、成功と不成功は、かれにとっては恩寵状態の徴候ではなく、呪術的ないし儀礼的に重要な功績か違反の結果であった。だから、ふたたび儀礼的な「善行」によって補うことが試みられた。古典的なピューリタンにとっては、「経済的な成功」は究極目的でも自己目的でもなく、救われていることを確証するための手段にすぎなかった。中国人には、こうしたピューリタンの「中心的に、つまり内面から、宗教的に制約された合理的な生活方法論」（E: S. 530）が欠けていたとウェーバーは主張する。

「高貴な人間」（紳士）は「道具ではない」という儒教倫理の核心をなす命題は、専門分化、近代的な専門官僚制と専門的訓練を、とりわけ営利のための経済的訓練を拒否した。ウェーバーによれば、「『職業』という思想ほど、儒教的な高貴性の理想に著しく矛盾したものはなかった」(E: S. 534f.)。諸侯のような「品位のある」人間は美的価値であり、それゆえ、「また神の道具でもなかった」。真のキリスト教徒は神の「道具」以外の何ものでもなく、神の道具であるという点に、自己の「尊厳」を求めた。典型的な儒教徒は、文学的に自己を磨き、科挙のために学ばせてもらい、それに合格して身分的に高貴な生活の基礎をえるために、かれやかれの家族のたくわえを利用した。それにたいし、典型的なピューリタンは、多くもうけてほとんど消費せず、しかも禁欲的な節約強制にしたがって、かれの利益を資本として合理的な資本主義的経営に再投資した。こうした違いをふまえて、ウェーバーは、「儒教の合理主義は現世への合理的な順応を意味した。ピューリタニズムの合理主義は現世の合理的な支配を意味した」(E: S. 534)と述べた。儒教とピューリタニズムの合理主義の根本的な相違がみごとに表現されている。

儒教とピューリタニズムの主要な違いは、以上のとおりである。それにしても、何が儒教には欠けていたのだろうか。これについてウェーバーは、つぎのように指摘している。「自然と神性との、倫理的な諸要請と人間の不十分さとの、罪の意識と救済の欲求との、この世の行為とあの世の報いとの、宗教的な義務と政治的‐社会的な現実性とのあいだの、何らかの緊張がこの倫理には完全に欠如していた。」(E: S. 522) したがってまた、伝統と因習には束縛されない内面的強制力によって生活態度に影響をおよぼすためのあらゆる手掛りも欠けざるをえなかった。儒教によってその生活態度に影響があたえられていた大多数の中国人は、不屈の信心深さをもって呪術的な諸観念の内部にとどまっていた。

では、なぜ現世との「緊張」が欠如してしまったのか。その理由にかんしてウェーバーは、「倫理的な諸要求を提示する超現世的な神の倫理的預言というもの」(E: S. 516) が記憶のおよぶかぎり、完全に欠けてしまっていたからだと指摘する。真の預言は、「ひとつの価値尺度」からする生活態度の内面からの体系的な方向づけを生み出す。このような預言に直面するとき、現世は規範にしたがって倫理的に形成されるべき素材となり、緊張が生じてくることになる。中国では倫理的預言があらわれなかったので、「現世への合理的な順応」が、したがって「資本主義的エ､､､ートス」どころか、それを阻止するような伝統的エートスがその帰結となってしまったわけである。かりに、毛沢東が倫理的預言に相当するとしたならば、中華人民共和国の誕生は、まことに皮肉な歴史のパラドックスではないだろうか。

ウェーバーは「儒教と道教」を仕上げたあと、「中間考察」を書いた。その副題は、「宗教的現世拒否の諸段階と諸方向の理論」となっている。それによると、修道士生活や禁欲と瞑想の典型的な技法は、インドでもっとも早く完成されただけでなく、はなはだ首尾一貫して完成された。しかし、「宗教的な友愛」(E: S. 544) が首尾一貫してつらぬかれればつらぬかれるほど、それは、現世の諸秩序および諸価値とますます激しく衝突せざるをえない。こうした視点からかれは、インドの宗教心を考察するに先立って、「中間考察」のなかで、「現世と宗教とのあいだの緊張関係」を、経済、政治、美、性愛、知性の領域についてそれぞれ詳細に検討した。

九　ヒンドゥー教正統派の救済論

ヒンドゥー教においては、正統派であっても異端派であっても、知識人階層に起因するインドの救済技術はすべて、「日常生活からの、さらにそれをこえて生と世界一般からの離脱」を達成するための手段である。業および輪廻の教説のもとでは、天国においてでさえ、生は有限なのだから、功徳の残りが使いつくされれば、まちがいなくふたたび現世への再生がはじまるその瞬間を恐れなくてはならない。神々でさえ、呪術的権力に支配されており、この意味でかれらは知識人の上にではなく、下に立っている。バラモン的な救済はつねに「現世そのものからの救済」であり、「現世拒否の極端な急進主義」（F: S. 172）にほかならない。ウェーバーはこの点で、バラモン的な救済は、老子やそのほかの中国の神秘家を含めた、現世にたいする中国的な態度から区別されるとみている。世界は、再生と再死の永遠の、無意味な「車輪」である。この世界には、一方に永遠の秩序そのものがあり、他方に再生の担い手としての霊魂がある。ヒンドゥー教の哲学全体は、霊魂はいかにしたら「業の因果」に、「現世の車輪」に巻き込まれることからまぬがれうるのかということを唯一無二の問題としており、霊魂という存在の構造と、現世および神的存在にたいする霊魂の存在の関係とをめぐって回転している。

ウェーバーが「もっとも首尾一貫した教説」と表現している「サーンキャ」学派によれば、霊魂の数は無限とみなされたので、救済達成者の法悦に達した人びとの数は、キリスト教におけるとおなじく少なかっただけでなく、まったく、つまり限りなく少ないものとなった。この観念の荘重さが、結局は個人だけがみずからを助けうるし、助けようとするという例の宗教的に「個人主義的な」傾向を最高度にまで高めた。すなわち、何らかの「救済の伝道」は霊魂の数の無限性にたいしていかなる意味をもちうるのだろうかというわけである。ウェーバーからみるなら、「個々の魂の宗教的な孤独が、予定信仰以外に、こうしたバラモン的な教説の結論におけるような共鳴基盤の上におかれたことはかつてなかった」（F: S. 174f.）。そのさいバラモン的な教説は、恩恵による選びの信仰とはまさに逆に、あらゆる個々の魂の運命を完全に個々の魂自身の作業に委ねた。

沙門ともよばれる「出家修行者」の救済追求が祖先崇拝による呪術的な氏族の拘束性を突破するほどになったことは、もっとも重要な、しかももっとも異常な現象であった。そしてそれは、「苦行者」がもっている呪術的な諸力はけっして疑われないという一つの事情からのみ説明がつく。インドでは、出家修行者の呪術的カリスマのこのような威信が、家族にたいする恭順の義務を凌駕してしまっていた。ウェーバーは、「このことが中国にたいするもっとも重要な相違である」（F: S. 181）と付言している。こうした発展が家族のきずなを弛緩させたにちがいない。それとともに、「バラモンの諸学派、苦行者の諸ゲマインシャフト、僧院一般の自由な形成」がはじめて可能とされ、「哲学者たちの神秘的な救済追求」が実際にまったく自由になったわけである。

このようにとらえて、ウェーバーは公式の六つのヴェーダ学派のうち、サーンキャと「ヴェーダーンタ」の二つの重要な学派をとり上げ、正統派の救済論を考察している。それによると、サーンキャ学派は、紀元前四－三世紀ころの哲学者カピラによって体系的に基礎づけられたとされるもので、神にたいする信仰のあらゆる形式を拒否し、永遠に不変な無質の「自我」と、自我がそれから離脱する世界としての現実の実在とを認める「二元論」を発展させた。この二元論的認識においては、追求された救済結果にとって、神的な唯一者である「ブラフマン」は不要なものであり、救済結果は、「ヨーガ－実践の意味における認識の体系的な学習」（F: S. 182）によって達成されると考えられている。ウェーバーによると、こうしたサーンキャ説は、バラモンと騎士の俗人からなる高貴な知識人階層に適していた。

それにたいしてヴェーダーンタ学派は、「宇宙的な幻影」にかんする「一元論的教説」を展開した。ヴェーダーンタ説は、この学派の開祖である西暦一世紀ころのバーダラーヤナの『ブラフマスートラ経』において示され、のちに西暦八世紀ころのもっとも重要な哲学者シャンカラによって注釈をつけられて、さらにあとの正統派バラモン教的なヒンドゥー教の古典的な体系となった。この学派からすれば、現実の世界は幻影にすぎず、実在は、あらゆる仮象的な変化のなかに動かずにとどまっている存在、もちろん超現実的、神的な存在、つまりブラフマンをもっている。仮象世界に属している認識器官によって生み出された実在の個別化が個別精神なのである。認識によって、この宇宙的な幻影が粉砕されるとき、そのもとでの苦悩からの解放も遂行される。一度グノーシスに到達した精神は、それ以上の何ものをも必要としない。精神をこの状態にもたらすには、適切な補助手段が必要なだけである。それというのも、グノーシスは普通の知識ではなく、一つの「所有」にほかならないからである。したがって、実在の迷妄的な性質にかんするこうした考え方のもとでは、実在の迷妄的な性質を打破する認識は、その宇宙的な幻影によって個別化された精神と、神的な唯一者であるブラフマンとの「神秘的な再合一」(F: S. 182) によってのみ生じうるのだとされる。

六つの学派の「正統性」は、ヴェーダの権威、つまりとくにバラモン的な文献のなかで発展させられた儀礼義務の拘束力に異議を唱えず、バラモンたちの地位の妥当性を認めた点に示された。儀礼義務についていえば、ウェーバーがすべてのカーストにたいする五つの戒律としてまとめているのは、不殺生、真実語、不盗、汚れなき生活、激情の抑制である。正統派の哲学諸派は、つねに「救済道の複数性」(F: S. 185) を認めていた。儀礼的行為、「苦行」、知識は、はじめから古典的と哲学諸派から認められていた三つの救済道である。しかし、あとの二つだけが業の連鎖をこえることができた。しかも、とりわけ知識がそうであった。この知識がグノーシス、つまり「開悟」である。その救済論的な意義は、それが精神と物質との禍に満ちた結合、我の「物質化」を止揚することを可能にしたところにあった。あらゆる「物質的基礎」を完全に除去した状態がのちに「ニルヴァーナ」、つまり「涅槃」とよばれたもので、現世とのあらゆる結合が打破されたときにあらわれる一つの「精神的態度」であるとみなされた。仏教以外の観念においては、それは、不安からくる苦悩の終わりと同一視された。

ウェーバーによると、ヒンドゥー教では、ニルヴァーナなどの法悦状態は死後に生じるという意味での彼岸のものとはかぎらず、反対にそれは、グノーシスの結果として此岸のために追求される。グノーシスの完全な獲得は、古典的な出家修行者に「一つのきわめて重要な特質」、つまりヒンドゥー教における「救いの確証」(F: S. 186) をあたえた。これは二つのことを意味していた。一つは、現在における法悦の享受である。ブラフマンとの合一を主張したヴェーダーンタ説はこれに決定的な重点をおいた。もう一つは、此岸における業の連鎖からの解放である。完全な知識によって救済された「生前解脱」は倫理的な応報の機構からまぬがれていた。生前解脱者はもはや儀礼には拘束されず、かれの法悦を危険にさらすこともなく行為しうるという結論がもたらされた。ウェーバーは、この結論がサーンキャ学派にとっては明白だったし、ヴェーダーンタ学派の人びとにとっても支持されたであろうとみている。しかしかれは、こうした結論が徹底的に認められたとは考えない。なぜなら、それによって儀礼がうけた価値低下はあまりにもひどく急激すぎるものだったからである。ウェーバーによれば、「知識人」としての出家修行者は、実際に「たんなる儀礼の技術者としてのバラモンたち」よりも卓越していると感じていた。とくに俗人においては、そうした修行者の個人的、可視的な神聖さの威信は「はるかにいっそう大きいものだった」（F: S. 187）とウェーバーは断言している。

ヒンドゥー教の内部における宗教的達人層の地位は、カトリックのキリスト教の内部におけるそれと類似してはいたものの、それとは異なるものだった。アンシュタルトという言葉には施設などの意味があるけれども、とくにグレゴリウス大教皇（在位五九〇－六〇四）いらい、キリスト教の教会が恩寵アンシュタルトの性格をもつようになったあとでは、その地位は異なるものであった。ヒンドゥー教のなかにも「恩寵追加」の思想がみられるそうである。しかしウェーバーは、「少なくとも、この給付の宝庫から恩寵を施与しうるアンシュタルト機構が欠けていた」（F: S. 187）という。その上でかれは、だからこの思想の代わりに、「昔からの単純で直接的な聖人崇拝」（*Loc. cit.*）が存続したのだと重要な指摘をおこなっている。出家修行者への崇拝と施与は、功徳を手に入れるよいおこないであった。偉大な苦行者は、「グル」や「ゴーサーイン」とよばれる「魂の導師」（Directeur de l'âme）となった。

しかし、教会の首長にたいする固定した関係は欠如していた。そして少なくとも原則として、つぎのようなことが存続した。すなわち、個人はアンシュタルト恩寵によってではなく、自己のおこないによって、なされたおこないによって救済を手に入れうるのであり、それゆえ出家修行者は、第三者にとって、呪術的にか、あるいは模範的にのみ救済上重要な意義をもつようになった。こうして、救済達成者（「生前解脱者」）、苦行や瞑想によって現世外に救済をえようと努力するもの、ヴェーダの教養をもった儀礼的に正しいバラモン、そしてたんなる俗人身分という有機的に等級づけられた「救済身分」ができあがったのである。サーンキャ説は、ヨーガによる精神集中によって人はみずからの支配者になりうるとする一方、純粋なサーンキャ説では、いかなる種類の社会的なおこないも救済にとっては価値がないと考えられた。それにたいしてヴェーダーンタ説は、伝統的な社会的義務を救済努力にとっても価値があるとして評価した。

以上のような正統派の救済論がどのような帰結をもたらしたかについては、おおよその推察はつくけれども、この点は、のちに改めてふれたいとおもう。

ところで、日常的義務と救済道にかんする正統派の救済論は、バラモンを納得させたとしても、騎士層を満足させるものではなかった。「日常的ダルマと宗教的救済努力とのあいだの緊張関係」は、一部は異端派の救済諸宗教の成立に寄与し、一部は正統派の内部における救済論のいっそうの発展に貢献した。後者とのかかわりで、ウェーバーがとりわけ注目しているのは、「英雄ダルマの、したがって戦争の倫理的意味の問題」がテーマとなっている叙事詩『バガヴァドギーター』である。そこでは、近親者と戦わざるをえない英雄アルジュナと、その戦車の御者クリシュナとのあいだの対話が展開されているけれども、じつは、クリシュナは最高の神的存在、バガヴァト（「崇高な神」）の「人間的な化身」とされているのである。この叙事詩は承認された正統派の教説の表現として位置づけられている。

ウェーバーは、カーストのダルマにしたがった行為、それゆえ救済を求める精神の行為ではなく、物質の行為が救済価値をもちうるのか、しかもいかなる意味でもちうるのかという問題にかんする答えのなかに、『バガヴァドギーター』が描写している発想の宗教的な独創性が横たわっていると洞察した。どういうことかといえば、知識のある人間は、かれが命じられたこと――すなわち、とにかくカースト義務によって命じられたこと――をたしかに実行してはいるが、内面的にはまったくそれに関与しないでいること、すなわち「かれがあたかも行為しなかったかのように行為する」（F: S. 193）ことによって、まさしく行為において、いっそう正確には現世におけるかれ自身の行為にたいしてみずからを「確証する」のである。このことは、行為においてとくに、人が結果にたいするすべての考慮なしに、行為の果実にたいする熱望なしに行為を実行することによって生み出される。なぜなら、この熱望が現世に巻き込まれることを、したがって業の発生を引き起こすだろうからである。

このようにとらえて、ウェーバーは、「古代キリスト教徒が『正しくおこなって、結果を神の裁量にまかせる』ようにバーガヴァタ信者は『必要な仕事』、つまり――われわれが『日々の要求』とよぶ――『自然によって決定された責務』をおこなう」（F: S. 193f.）と巧みに表現している。現世の果実への愛着を断念した行為は、業から自由である。こうした「まさに現世内的行為の現世無関心」（F: S. 194）は、古い儀礼主義的なバラモン層にたいする闘争であった。そして、効果と果実にたいするあらゆる愛着なしに、現世における行為がもっぱらクリシュナに向けられ、かれのためにのみ、そしてかれだけを考えておこなわれるとき、しかもそのときにのみ、その行為は救済を推進するというように転換されていった。

シュルフターは「現世逃避的な救済努力と有機的な社会倫理」と題する論文で、ウェーバーのヒンドゥー教にかんする見解をとり上げている。それによると、インドの救済教説では、「現世」と「あの世」（›Hinterwelt‹）が分裂している。つまり、一方は、有機的な社会倫理に関連した現世内的行為の宗教的な合理主義であり、他方は、瞑想的な神秘主義に関連した現世逃避的な救済努力である。シュルフターからみると、ウェーバーはそうした点に、インドの「宗教史」における二つの大きな業績を認める。「それゆえまさに、バガヴァドギーターにおけるそれらの首尾一貫した結合の企ては、おそらくとくにウェーバーの心を引きつけた」(Fa: S. 58) とシュルフターは推測している。ただしその魅力は、ウェーバーの「学問的な側面とならんで、個人的な側面」とも関係していたようにおもわれるとシュルフターは興味深いとらえ方をしている。それにしても、クリシュナ崇拝がのちにふれる、ヒンドゥー教における導師という「生きている救世主」の崇拝にたいする潤滑油の役割を果たしたことは否定できないであろう。

一〇　ジャイナ教と仏教

ウェーバーが用いた一九一一年の『インドの国勢調査』の「宗教」欄によると、約二億一、七五〇万人、すなわち人口の六九・三九パーセントが「ヒンドゥー」であった。それにたいして、「ジャイナ教徒」は一二〇万人で、〇・四〇パーセント、「仏教徒」は一、〇七〇万人で、三・四二パーセント (F: S. 5) であった。ちなみに、インド内務省が発表したちょうど一〇〇年後の『宗教国勢調査二〇一一』では、国内人口一二億一、〇八五万人のうち、ヒンドゥー教徒は九億六、六二六万人で、全人口に占める比率は七九・八パーセント。ジャイナ教徒は四四五万人で、〇・四パーセント、仏教徒は八四四万人で、〇・七パーセントとなっている。この一〇〇年のあいだに、ヒンドゥー教徒は八〇パーセントを切っているとはいえ、実数と割合の面で圧倒的に増加した。仏教徒が実数で減ったのに比べて、ジャイナ教徒はかなり増えた。それでも、全人口に占めるジャイナ教徒の割合は同率で、あいかわらず低い。

ジャイナ教と仏教は、いずれも古い知識人階層の自由な地盤の上に成長したけれども、バラモン層によって「非古典的なだけでなく、もっとも邪悪な、しかももっとも非難すべき異端者的な考え方」（F: S. 202）として呪われ、嫌われた。しかしウェーバーの目からみれば、この二つの信仰形態は「純歴史的に」重要である。それというのも、二つは、――仏教はときどき全インドにおいて、ジャイナ教はインドのかなり大きな部分において――数百年のあいだ支配的な「信仰」として認められるようになるのに成功したからである。これは一時的なものにすぎなかった。仏教はインドにおいて、少なくとも北インドでは、一度完全に消滅したとはいえ、インドをこえた地域で「一つの世界宗教」にまで発展した。

それにたいし、ジャイナ教は今日でも、インドの範囲内に限られており、数字が物語っているように、その信者は増加したとはいえ、相対的には少なく、小さな宗派として存在しつづけている。ジャイナ教の宗派は、ヒンドゥー教徒からはいまでは自分たちのゲマインシャフトに属するものと異議を申し立てられている。それでもウェーバーにとっては、ジャイナ教の宗派は、ユダヤ人がそうである以上に「一つのまったく特殊な商人カースト」であり、ヒンドゥー教とは異質な「経済的な合理主義にたいするある信仰の積極的な関係」（F: S. 203）を示しているようにみえるので重要な分析の対象となっている。ジャイナ教と仏教の二つの信仰は古典的なクシャトリア時代に成立し、もっとも激しい競争状態にあった。両者のうち、ジャイナ教はいっそう古く、しかももっぱらいっそうインド的である。

伝承によれば、紀元前六世紀ころのジャイナ苦行の創始者イナトリプトラ（ナータプッタ）はマハーヴィーラとよばれ、クシャトリア貴族の出身であった。ジャイナ教には、救済は再生の車輪からの解放であって、しかもそれは無常のこの世界から離れること、つまり現世内的行為と行為に付着している業との世界から離脱することによってのみ達成されるという一般的な前提がある。こうした前提において、この教説は完全に古典的な地盤の上に立っていた。仏教とは対照的に、ジャイナ教は古典的なアートマン（「自我」）の非物質的な統一体としての霊魂あるいは真実の「我」）説をうけ入れたが、すでに明らかにしたサーンキャ学派とおなじように、ブラフマン、つまり神的な世界霊をまったく無視した。それは、とくにヴェーダ教養と儀礼ならびにバラモン層を拒否するという理由で、異端であった。ジャイナ教によれば、すべての霊魂、つまり「真の、究極の自我の実体」は、本質において、たがいに「平等」であり、「永遠」である。

ジャイナ教徒は「『職業僧たち』の特殊な教団」（F: S. 207）であった。ウェーバーの推測では、かれらは、古い高貴な知識人諸信仰のなかで、おそらくはじめてもっとも効果的にヒンドゥー教諸宗派の「典型的な二分派組織」を実現した。つまり、核としての僧侶ゲマインシャフトと僧侶の精神的な支配のもとにある信徒としての在俗の信者たちである。革新による教団の不変的な分裂は、最初は西暦一世紀におこった。僧侶の一部は、少なくとも聖なる教師の「絶対的な裸体の要求」を実行したのにたいし、ほかの一部は、すなわち多数派はそれを拒否した。前者が「空衣派」、後者が「白衣派」とよばれているのは、よく知られているところではなかろうか。

ジャイナ教の禁欲は、戒律の実質的な内容の点で、あらゆる規則の頂点に、「アヒムサ」、つまり「生きものを殺害すること（ヒムサ）の絶対的な禁止」をおいた。いわゆる「不殺生の戒律」である。ジャイナ教徒のアヒムサは極端をきわめた。正しいジャイナ教徒は、虫を殺さないために火を使わず、虫を吸い込まないように口と鼻にマスクをつけ、柔らかいほうきをもって歩く。虫を踏みつぶさないように水中は歩かない。アヒムサの結果、ジャイナ教徒は、生命に危険をあたえるような農業的職業はいうにおよばず、火や刃物を使う仕事など、一般に大多数のあらゆる工業的職業から締め出されることになった。

俗人にとって、つぎにもっとも重要な戒律は、所有の制限であり、「『必要な』もの」より以上のものはもってはならないとされた。「富の獲得それ自体」はけっして禁止されていなかったけれども、「富んでいることへの努力とそのことへの執着」だけは禁止された。ウェーバーはこの点に注意を喚起して、これが「西洋の禁欲的プロテスタンティズムのばあいとかなり似ている」(F: S. 212) という。さらにかれは、虚偽や誇張をいうことの禁止、経済的取引における絶対的な正直、あらゆる詐欺と不正直な営利の禁止などの類似性をあげている。この宗派は、西洋のクエーカーのばあいとおなじように、初期資本主義のスローガン、つまり「正直は最善の策」にしたがって働いた。

ジャイナ教徒の商人の「正直さ」は有名であった。そしてかれらの「富」もまた同様であった。インドの商業の半分以上がかれらの手をへていると早くからいわれた。ジャイナ教徒、少なくとも白衣派のジャイナ教徒は、ほとんど例外なく商人になった。それには、商人だけがアヒムサを実際に厳格に実行できたという純粋に儀礼的な根拠があった。また営利の特殊な性質も、儀礼的な根拠によって規定されていた。すなわち、かれらにおける旅行のとくに強い忌避と困難が、かれらをまず第一に定住商業に制限し、さらにまたユダヤ人と同様に、銀行業と金貸し業に制限したのである。こうした事情をふまえて、ウェーバーはつぎのように述べている。「ピューリタニズムの経済史から知られていた『禁欲的節約強制』は、ジャイナ教徒のばあいにも、使用財産あるいは利子財産としての代わりに、営利資本として蓄積財産を活用するという意味で作用した。」(F: S. 213) そのさいかれは、ジャイナ教徒は「商業資本主義」の限界のなかに縛りつけられたままで、「工業の組織」を生み出さなかったと念をおしている。阿閉吉男も指摘しているように、「ここからは、西洋にみられたような産業資本主義の形成は望むべくもなかった」(Sa: p. 243) といえよう。ジャイナ教徒自身は、みずからつねに「特殊禁欲的な宗派」と感じてきたし、この観点から、かれらが「現世的」とののしった「仏教」の信奉者とはとくに対立し、意見を異にした。ウェーバーによれば、ジャイナ教には、例の儀礼的な戒律にもかかわらず、「隣人愛」というキリスト教的な概念や、「神にたいする愛」に対応するもの（F: S. 214）がまったく欠けている。

仏教の創始者である仏陀は、姓をゴータマ、名をシッダッタという。中村元によると、ゴータマの意味は「最も良い牛」であって、古来インドではすぐれた姓とみなされていた。シッダッタの意味はパーリ語で「目的を達成した者」（Va: p. 32）だそうである。仏陀は、ウェーバーも指摘しているように、ヒマラヤ山のふもと、ネパール領のルンビニで生まれた。かれは、釈迦族の国王浄飯王の長子として生まれたので、尊称で釈尊（釈迦牟尼、ウェーバーの表記ではSakya Muni：釈迦族出身の聖者）とよばれた。仏陀が活動したのはおもにインドだったので、かれはインド人だとおもわれがちだが、出生からわかるように、ネパール人である。

ウェーバーの「ヒンドゥー教と仏教」によれば、原始仏教（alter Buddhismus）は、すでにみたサーンキャ説とジャイナ宗派とおなじように、ブラフマンについては何も知らない。しかも両者とは異なって、それはアートマンをも拒絶し、しかも哲学的な学派救済論が苦労した例の「個別性」問題を一般的に拒否する。原始仏教は、「まったく特殊な、高貴な知識人救済論」（F: S. 218）としての性格をもっており、「はなはだ積極的に特権づけられた諸階層」の産物である。君主と貴族をこの教説に共感させた理由は、「反教権制的な傾向、つまりバラモン的な儀礼知識とバラモン的な哲学の無価値化」（F: S. 247）にあった。伝承によれば、この創設者はジャイナ教団の創設者であるマハーヴィーラよりもおよそ一世代ほど若い。ウェーバーは「この話は真実であるらしい」（F: S. 218）と述べている。

原始仏教は、ウェーバーからみると、ほとんどすべての「実践上」決定的な点において、およそイスラーム教とも、儒教とも「特徴的な対極」を示している。それは、特殊に「非政治的かつ反政治的な身分宗教」であり、あるいはいっそう正確にいえば、「遍歴する、知的に訓練された托鉢僧の宗教的な『技術論』」である。神や祭祀を欠いた倫理に「宗教」の名称を適用しようとするなら、原始仏教は、すべてのインドの哲学と同様に「救済宗教」である。「いかに」そして「どこから」ならびに「どこへ」にかんしてみれば、それは、「救済努力一般の考えうるもっとも急進的な形態」（F: S. 220）にほかならない。その救済は、もっぱら個々の人間のもっとも固有な行為である。救済のためには、ある神または救世主による助けはまったく存在しない。ウェーバーは、「仏陀自身について、われわれはいかなる祈りも知らない」（F: S. 221）という。つまり、かれ自身は祈ったりしなかったであろうということである。それというのも、いかなる宗教的な恩寵もないからである。しかしまた、いかなる予定もない。そこから、仏陀の教説は「あらゆる此岸的な、しかもとりわけまた彼岸的な生」にたいする「執着の無意味さ」（Sinnlosigkeit des Haftens）を結論づける。仏教の思想にとっては、「永遠の生」とは一つの「形容の矛盾」（*Loc. cit.*）なのである。「永遠の生」への救済ではなく、「永遠の死の静寂」への救済が求められている。どういうことなのだろうか。

ウェーバーの説明では、原始仏教は、救済達成者の死後はどうなるのかという問題の追究を意識的に放棄することを要求した。すでにみたように、「自我」とは何かについて、ヒンドゥー教の正統派と異端派の救済論はさまざまな解答をあたえてきたけれども、仏陀は、救済論的にも心理学的にも自分を満足させないそれらの「主知主義的な」構成から、結果的に、「主意主義的な」構成（F: S. 225）へ立ち返った。しかし、新しい方向へ向かってである。生への意志、あるいは仏教でいう生と行為、権力や知識などへの「渇望」だけが「個体化の原理」である。この渇望だけが経験的には「霊魂」である精神物理学的な事象の束から「自我」をつくってしまう。

しかし、個人は死んでしまえば、明らかに新たに生まれることはできない。「霊魂輪廻」によっても生まれえない。

「なぜなら、霊魂の実質は存在しないからである。」（F: S. 227）まさに渇望そのものだけが、神的な静寂へと導き、救済をもたらす「開悟」の生起を妨げてしまうのである。開悟は、自由な、神的な恩寵の賜物ではなく、生の渇望がそこからわき出る大いなる妄想を捨てるために、たえまなく、瞑想しながら真理に没頭することにたいする報酬である。このように解して、ウェーバーはつぎのように力説する。「それによって、例の開悟を獲得する人は、――これが重要である――此岸において、法悦を享受する。それゆえ、高らかな勝利のよろこびが原始仏教の讃歌を調律していた音調なのである。」（F: S. 227f.）悟りをえた人である「アルハト」（阿羅漢）は、業から自由であり、彼岸の生にたいする渇望からも自由であると自覚した。

仏陀の生涯における「大きな転換点」は、栄養不良とそのほかの生理学的な手段によって身体を抑制する、インドの救済論的な方法論において高度に発展させられたさまざまな試みを放棄したことであった。かれの生活態度における「この革新」は、古い伝承によれば、かれの苦行の仲間から救済のもっとも基本的な諸前提の違反と感じられた。ウェーバーによれば、それは、「イエスの無規範主義的な態度」（F: S. 238）が「パリサイびとたち」からそのように感じられたのとおなじである。ちなみに、イエスのそうした態度は「マタイによる福音書」の第一五章の前半部などに典型的にみられる。

ウェーバーは、「禁欲」を「合理的な生活方法論」（F: S. 238）と解するなら、仏教の救済は原則的に「反禁欲的」であるとみなしている。解放というのは、開悟の段階の状態における「突然の『飛躍』」である。この飛躍の本質は、人間に「救いの確証」を、つまり「生の渇望」から決定的に、しかも「逆もどりすることなしに」救済されていることのたしかさを、したがってこの意味での「神聖さ」をあたえるのである。これが、「仏陀自身の恩寵状態の意識」だったとウェーバーは推断している。仏陀のあらゆる規則は、「この恩寵状態の実践的な獲得」のためのものであって、それゆえある意味では、実行すればだれでも平等に救われうる「初歩的な新参者の諸規則」なのである。

こうしてウェーバーは、ベナーレスでおこなわれた仏陀の有名な説法、つまり「八正道」として知られている「高貴な八重の道」をくわしく紹介している。ウェーバーからするなら、それにかんする発言は、正しい「救済信念」(Erlösungs gesinnung) にかんする一般的な主張を含んでいるにすぎない (F: S. 238)。そして、仏陀がイエスとおなじように、(キリスト教的に表現すれば) 獲得された恩寵を堅持する立場のために「無規範主義的な結論」を引き出したということは、まったく可能である。「正見」、「正思」、「正語」などからなる八正道こそ、「原始仏教の救済論」の核心にほかならない。

ところで、仏教がキリスト教、イスラーム教とならぶ世界三大宗教の一つだからであろうか、ウェーバーは、伝承やドイツのインド学者ヘルマン・オルデンベルクの見解にもとづいて、イエスやムハンマドとも比較しながら仏陀の姿を浮き彫りにしようとしている。たとえば、仏陀の説法は、イエスやムハンマドの説法とはきわめて、しかも根本的に異なっているとみる。「仏陀の典型的な影響方式」は、ギリシアの哲学者ソクラテス (紀元前四六九－三九九) のような「対話」(F: S. 244f.) だという。敵対者は慎重な「背理法」の道へと導かれ、屈服を余儀なくされてしまう。仏陀の講話と対話は、純粋に知性に働きかけ、つねに体系的、弁証法的に対象を論じつくす。またウェーバーは、仏陀の説教のなかには、たとえばパリサイびとたちと律法学者たちにたいするキリストの戦いのような、バラモンたちにたいする「『闘争』というようなもの」(F: S. 246) はみうけられないとも指摘している。ウェーバーが描く仏陀像は、冷静で理知的な、しかも温和な真理の求道者といったところであろうか。

闘争とのかかわりでいうならば、仏教における身分的な組織の無視は、新しいものではなかった。仏教が発生した地方――マガダおよび近隣の北インド諸地域――においては、バラモン層の権力はかなり弱かったし、四つの古い「身分」は疑いもなくずっとまえから崩壊していた。ウェーバーの推測では、『カースト』相互の宗教的な遮断」は、少なくともインドのこれらの地域では部分的に未発達で、いっそうあとのヒンドゥー教によってはじめて首尾一貫して実施された。かれは、このような状況をふまえて、「したがって、仏教による諸身分の相違の無視は、何らの社会的な革命を意味しなかった」(F: S. 245) と述べている。そうだとすれば、仏陀はカースト制度を強く否定したとみなされているようなので、この見解はとくに注目すべきである。

パウロは伝道の拠点をエルサレムではなく、アンティオキア(現トルコ共和国:アンタキヤ)においていた。だからパウロのキリスト教団は、偶然にも、ローマ軍がエルサレム神殿を破壊したさいの難をまぬがれ、キリスト教はその後、ローマ帝国の国教にも、世界宗教にもなっていった。それとおなじように、仏教の発展にも一つの「歴史的な偶然」が作用していた。この点ウェーバーは、つぎのように述べている。「インドのすべての文化領域をほとんど支配した、最初の大王の一人がその熱烈な信奉者になったという歴史的な偶然がなかったならば、仏教は、少なくとも、その国際的な征服の進軍をおそらく始動させえなかったであろう。」(F: S. 250) ここでいう「最初の大王の一人」とは、カリンガ征服のさいの残虐さから仏教に帰依したアショーカ王(在位二六八-二三二ころ)のことである。ウェーバーがキリスト教と仏教の世界宗教への発展契機を「歴史的な偶然」に求めているのは、何とも興味深いかぎりである。アショーカ王については、「ヒンドゥー教と仏教」のなかの独立した一章においてくわしく論じられている。そのなかでウェーバーは、実際に、「仏教の世界伝道」の演出、あるいは少なくとも、プログラムどおりの公布はアショーカ王にさかのぼるとみて、「仏教は、かれのおかげで一つの国際的な世界宗教になるための最初の大きなきっかけをえた」(F: S. 260) とはっきり述べている。

仏陀の共同体は、さしあたり一人の秘儀伝授者を中心とした信奉者たちであったし、いずれにしても、一つの教団というよりも一つの救済論的な学派であった。しかし、仏陀の死後一一〇年目に開催されたとされるヴァイシャーリーにおける第二回の会議（このときに分裂がおきたといわれている）以降、しだいに規則が必要になっていった。仏陀はそれぞれの状況に応じて何らかの「諸規則」をあたえていたが、かれの死後、それらの規則が「共同体の非人格的な『主人』」になったであろうといわれている。こうして不可避的な「規律」がいっそう強固な形式を強要し、ゲマインシャフトは一つの教団になった。そうなると、帰属を示す一つの特徴が望まれた。仏陀のあと、剃髪と黄衣の姿の教団が設立されたにちがいない。人は正式に僧侶になることなしに、完全な洞察とアルハトの高位にはけっして到達しえないということがやがて確定した。ウェーバーは、「このような教団宗教は一つの合理的な経済倫理を発展させえなかった」（F: S. 234）と断言している。原始仏教が「小乗教」（「小さな舟」）にたいして、「大乗教」（向こう岸、つまり救済にいたる「大きな舟」）の形において一つの俗人宗教を発展させる過程にあったいっそうあとにおいても、「一つの合理的な経済倫理」は、この宗教からは発展しなかった。これが、経済倫理の観点からみたばあいの仏教にたいするウェーバーの見解にほかならない。

一一　ヒンドゥー教および日本と「資本主義の精神」

信徒にたいする「導師の地位」は、一般的に、バラモン教の再興いらいきわめて多く成立してきたヒンドゥー教の諸ゲマインシャフトにおいて圧倒的にきわだった特徴であった。この地位は、すでにヴェーダにおいて、弟子がひざまずいて崇拝すべき導師の絶対的な権威のなかに予示されてはいた。しかし、シャンカラーチャーリヤが試みた改革、すなわち教育をうけた、しかも僧院に組織された托鉢僧の創出と、導師－体制の普遍的な実施とは、バラモンたちが勝利をえる手段であった。これらの手段は、ジャイナ教徒と仏教徒の競争を打破した。ウェーバーは、何よりもまず少なくとも、「托鉢僧と導師」の圧倒的な多数はバラモンたちであったし、あるいは完全にかれらの手中にあったとみて、「本質的に、今日でもそうである」（F: S. 351）という。導師たちが大衆宗派からうけとった、一部は王侯のような収入は、そうした地位を引きうけることにたいするバラモンたちの抵抗を弱めさせたにちがいない。だから新しい教説ではなく、導師－権威の普遍性が再興したヒンドゥー教の目印であった。

再興したヒンドゥー教は、それが編入したクリシュナ崇拝とラーマ崇拝を除いて、特殊な意味で『救世主的』宗教心」であった。ヒンドゥー教は、大衆に「肉体をそなえた生きている救世主」、つまり救難者、助言者、呪術的治療者を提示し、しかもとりわけ、救世主の品位をただよわせている導師あるいはゴーサーイン、つまり行者の姿で崇拝の対象を提示した。ウェーバーによれば、「あらゆる宗派の創設者は神格化され、そしてその後継者は崇拝の対象となったし、いまもそうである」（F: S. 351）。こうしていまや、導師職は「バラモンの典型的な地位」とみなされた。バラモンは導師として「生きている神」となったのである。

宗教的には、大衆のあいだでは多くのばあい、導師にたいする崇拝がほかのすべての救世主的宗教心にとって代わった。つまり、信者たちのただなかで生きている救世主ないしは神が、すべての超越的な崇拝対象をとり除いてしまった。「日常の生活態度の事柄における導師－権威の実際の程度」は、個々の宗派のあいだで異なっていたし、いまでも異なっているが、しかし、かなり明瞭に、まさに「特殊平民的な宗派」（F: S. 352）においては、ほとんどまったくとりわけ大きかったし、いまでも大きい。なお、宗派宗教心についてみれば、政治的な諸権力の固有法則性を認めざるをえなかったバラモンが、自己の階層の内外に「秘儀伝授者位階制」を発生させ、救済理論の統一性を「さまざまな宗派救済論」へと分解させざるをえなかったのはいうまでもない。それでも、「導師の神のような、あるいは神に似たような地位」は、すべての偶像崇拝や、そのほかのすべての非合理的な崇拝手段を徹底的に排除したようなヒンドゥー教の諸宗派においても、まったくしばしばもっとも強く発展している。したがってウェーバーは、ヒンドゥー教の諸宗派における導師の地位に着目し、「それゆえ生きている救世主の崇拝がヒンドゥー教の宗教発展の最終的な帰結であった」（F: S. 357）と強調している。この一文には、正統派の救済論がたどりついた結末が端的に示されているといえよう。

資本主義の精神との関連では、ウェーバーはどのようにみているのだろうか。

すでに明らかにしたようなカースト秩序と、どんな宗派といえどもその根底を揺さぶることができなかったような輪廻と業の教説へのその係留とによる、儀礼主義的かつ伝統主義的な内面的拘束性。これにさらに、ウェーバーからすれば、当然、強固に伝統主義的、カリスマ的な導師の聖職者にたいするヒンドゥー教の平信徒の宗教的な人間崇拝がつけ加わり、「例の内面からの生活態度のあらゆる合理化」を妨げてしまったのである。こうしてかれは、つぎのように断言する。「このような内面的な諸力によって支配されたゲマインシャフトがかつて、その内部から、われわれがここで『資本主義の精神』という言葉でもって理解するものを生み出しえたであろうとは、まったく明らかにけっして考えることができなかった。」（F: S. 359）これにつづけてかれは、日本人がなしとげたように、「経済的かつ技術的にできあがった産物」を「人工物」として引きうけることさえも、イギリスの支配にもかかわらず、インドでは明らかに、しかもまったく当然に、「日本におけるよりもまったく重大な、しかも明白にいっそう大きな諸困難」に遭遇したと指摘している。価値自由の立場からのとらえ方であるとはいえ、比較を駆使するウェーバーの手法には説得力がある。

日本についていえば、ウェーバーは、かれの問題関心からみて、「日本人の生活態度の『精神』」にみられる重要な特性は「宗教的な諸要因以外のまったく別の事情」によって、つまり「政治的かつ社会的な構造の封建的性格」（F: S. 296）によって生み出されていると強調している。封建日本の状態においては、中国におけるような試験の資格証書と学識ではなく、西洋の中世におけるような「騎士の慣習と騎士の教養」が、同様に、インドにおけるような救済哲学ではなく、西洋の古代におけるような「現世内的教養」が「実践的態度」を決定した。ウェーバーによると、「侍」のタイプの一階層が決定的な役割を演じた国民は、みずから「合理的な経済倫理」を手に入れることができなかった。それでも、解約されうる確固とした契約的な法律関係をつくり出す「レーエン」（知行）関係が、言葉の西洋的な意味での「個人主義」にたいして、たとえば中国の神聖政治よりも、はるかにいっそう好都合な基盤を提供した。だからかれは、「日本は、資本主義の精神をみずからつくり出すことができなかったとしても、資本主義を外国からの人工物として比較的たやすくうけとることができた」（F: S. 300）と明言している。

すでに明らかにしたように、中国の家産制やインドのカースト制度とそれらによってつくり出された伝統的エートスが近代資本主義の阻害要因であった。家産制とカースト制度は、まさしく「政治的かつ社会的な構造」にほかならない。しかし、中国やインドとは異なり、ウェーバーは、日本のばあい、そうした構造の「封建的性格」に、とりわけレーエン関係とそれが育成した「個人主義」に近代資本主義を受容する上での促進要因を求めているのである。かれの「儒教と道教」、「ヒンドゥー教と仏教」などの実質的な宗教社会学的研究では、こうした政治社会学的な歴史的事象が重視され、それが不可欠な考察の対象となっている。この点に、ウェーバーの宗教社会学的研究の大きな特徴があるといっても過言ではない。なお、日本の宗教については、一三世紀のはじめに設立された「真宗」が、少なくとも阿弥陀仏への敬虔な献身の意義を強調したかぎりで、西洋のプロテスタンティズムに比較されうる（F: S. 303）

とされている。

「ヒンドゥー教と仏教」のなかで、ウェーバーは、カースト拘束性と導師－支配以外に、いかなる「『精神的な』諸要素」がヒンドゥー教の経済的、社会的に伝統主義的な特徴を基礎づけたのかをもう一度明らかにしている。それによると、権威的な拘束性とならんで、知識人階層の内部における正統派、異端派のヒンドゥー教の思惟傾向に共通していた「現世秩序の変更不能性にかんする教条」があげられている。さらに「絶対的な現世逃避」と、そのための「最高の手段」としての「神秘的な瞑想」が指摘されている。これらのうち、ウェーバーがもっとも重視しているのが、行為の積極的な禁欲のいわば対極をなす「神秘的な瞑想」である。その威信はたがいに異なる倫理的な教説によっても打破されなかったし、さまざまな救済手段の非日常性と非合理性が存在しつづけた。それらの救済手段は、オルギア的な性質であって、「あらゆる生活方法論」に敵対する反合理的な軌道へと向かったか、または、方法の点では合理的でも、目的の点では非合理的であった。たとえば、『バガヴァドギーター』がもっとも首尾一貫して要求したような「職業」の遂行は、「有機体的な」性質、つまりきわめて伝統主義的な性質をもっていて、しかも神秘的にぼかされていた。すなわち、「現世のなかの行為ではあるが、しかし現世の行為ではない」といったように何ともはっきりしない形で表現されている。

このようにとらえてウェーバーは、つぎのように断言している。「いかなるヒンドゥー教徒にとっても、自己の経済的な職業の誠実さの成果のなかに自己の恩寵状態のしるしを認めることや、あるいは――いっそう重要なことだが――即物的な原則にしたがった現世の合理的な改革を神の意志の執行として評価し、しかも企てることは、まったくおもいもよらないことだった。」（F: S. 360）かれによれば、「ヒンドゥー教の職業道徳」は、およそ考えうる「もっとも伝統主義的な職業義務の観念」（F: S. 122）であった。まして、業の教説がながく、しかも広範囲につづいたかぎり、革命思想や「進歩」への努力は、この地盤の上では考えることができなかった。そうであれば、合理的経済信念や合理的な生活態度はいうにおよばず、「資本主義的エートス」や「特殊市民的な職業のエートス」も生まれるはずがなかったのはもはや明らかであろう。

ウェーバーは「宗教社会学（宗教的ゲマインシャフト関係の諸類型）」のなかで、文化諸宗教と資本主義について、つぎのように概括している。

「ただ禁欲的プロテスタンティズムだけが、実際に、呪術、現世外への救済追求、しかもその最高形態としての主知主義的、瞑想的な『開悟』にとどめを刺したし、ただそれだけが、まさに現世内的な『職業』への尽力のなかに――しかもヒンドゥー教の厳格に伝統主義的な職業概念とは対照的に、つまり方法的に合理化された職業の遂行のなかに――救いを追求する宗教的な動機を生み出した。それにたいして、すべての種類のアジアの民族的な宗教心にとって、現世は、大きな呪術の園でありつづけたし、『精霊たち』の崇拝や呪縛、あるいは儀礼主義的、偶像崇拝的、秘蹟的な救済追求道がそのなかでみずからを、此岸と彼岸にたいして実践的に方向づけ、確実にするためのものであった。したがって、儒教の現世順応や仏教の現世拒否、あるいはイスラーム教の現世統治やユダヤ教の賤民希望と経済的な賤民法から合理的な生活方法論へといたる道はほとんど通じていなかったと同様に、アジアの非知識人たちの例の呪術的な宗教心からもそれへといたる道は通じていなかった。」（H: S. 360f.）

ややながい引用だけれども、これまで述べてきた中国やインドの宗教心についてもふれられているので、ウェーバーのこの結論をもってこの章の結びにかえたいとおもう。

第三章　古代ユダヤ教と預言者のカリスマ
――歴史の転轍手としての「世界像」――

一　二つの挿入文

現在のイスラエルが建国されたのは、一九四八年五月一四日。それ以前のイスラエルは、ダビデ王（紀元前一〇一〇－九七二）やその子ソロモン王（紀元前九七一ころ－九三一ころ）の時代までは繁栄をきわめていたものの、その後、ユダヤ人は、国をもたない離散民（ディアスポラ）となっていらい、パーリア（賤民）民族として世界各地でしいたげられながら生活を送っていた。その期間は、驚くことに、一八〇〇年以上ものながきにおよんだ。古代社会においては、数多くの弱小民族や部族が、移住先の民族や自分たちを征服した民族と同化せざるをえなくなっていくなかで、歴史から姿を消していったことだろう。それを考えると、なぜユダヤ人は国を再建できたのか、その秘密を知りたくなる。

マックス・ウェーバーの「古代ユダヤ教」の中心テーマは、ユダヤ人がいかにして「最高度の特殊な特性」をもった「一つのパーリア民族」になったのかを究明する点にあった。もちろんこのテーマとならんで、ユダヤ教の経済倫理を明らかにすることが基本的な課題になっている。しかしユダヤ教は、イエスとパウロをとおしてその胎内からキリスト教を誕生させたし、のちのカルヴィニズムにたいしてさえ重要な影響をおよぼした。ユダヤ教はムハンマドの告知にも刺激をあたえ、部分的にはその「原型」ともなった。わかりやすくいえば、西暦一世紀にユダヤ教からキリスト教が分離して生まれ、この両者を批判的に摂取しながら七世紀にイスラーム教が生み出されていったのである。だからウェーバーは、ユダヤ教の発展諸条件を考察するばあい、「西洋と近東の全文化発展の中心点」(G: S.7) のなかにいると述べた。イスラーム教についてはあまりふれられていないけれども、ユダヤ教とキリスト教、ユダヤ教とピューリタニズムの関連については随所で言及されており、こうした関連をある程度解明することが「古代ユダヤ教」の副次的な課題を構成している。

「古代ユダヤ教」は、一九一七年から一九一八年の『社会科学・社会政策雑誌』第四四巻第一号から第三号までと、一九一八年から一九二〇年の第四六巻第一号から第三号にかけて継続的に分載された。ヴォルフガング・シュルフターやエッカルト・オットーによると、一九二〇年の第三号が発行されたのは、その年の「一月中旬」(Ea: S. 362, N: S. 231) である。ウェーバーが没したのはそれから五カ月後の六月だから、「古代ユダヤ教」は後期ウェーバーの珠玉の作品といってよい。

つぎの二つの引用文は、ウェーバーの実質的な宗教社会学的研究のなかで、おそらくとりわけ印象深くうけとめられているのではないだろうか。

「人間の行為を直接に支配するのは(物質的かつ観念的な)利害であって、理念ではない。しかし、『理念』によってつくり出された『世界像』は、きわめてしばしば転轍手として軌道を決定してきたし、その軌道にそって

利害のダイナミックスが行為を推進した。」（E: S. 252）

「古代ユダヤの預言とともにはじまり、しかもギリシアの科学的な思考といっしょになって、救済探求のすべての呪術的な手段を迷信および悪事として排斥した、現世の呪術からの解放という例の偉大な宗教史上の過程は、ここにその完結をみた。」（E: S. 94f.）

あまりにも有名な前者の引用文は「序論」のなかに、後者のそれはプロテスタンティズムの倫理にかんする論文のなかにみられるものである。ウェーバーが「序論」を発表したのは、一九一五年一〇月一四日発行（L: S. 60f.）の『社会科学・社会政策雑誌』第四一巻第一号においてであった。そのときかれは注で、「以下の叙述は二年まえに書きとめられ、しかも友人たちのまえで読まれたものそのままで、修正されずに掲載されている」（I: S. 1）と述べている。したがって、「序論」が執筆されたのは一九一三年だけれども、その雑誌の一五ページ（D: S. 15）をみればわかるように、「世界像」の作用を強調している引用文は完全に欠落している。この点は、ヘルヴィク・シュミット－グリンツァーもはっきりと指摘している（L: S. 101）。一方、「プロテスタンティズムの倫理と資本主義の『精神』Ⅱ　禁欲的プロテスタンティズムの職業理念」が一九〇五年六月下旬発行（O: S. 230）の第二一巻第一号に掲載されたとき、後者の引用文も、その一一ページをみればわかるように（B: S. 11, O: S. 260f.）、おなじようにまったく欠けていた。二つの引用文は、『宗教社会学論集』第一巻のための改定作業のときに挿入されたものである。シュルフターも指摘しているように（Ba: S. 39）、「序論」のなかに前者の引用文が書き込まれたのもこのときであった。「古代ユダヤ教」の最終部が第四六巻第三号に掲載されたのは、一九二〇年の「一月中旬」。このころはおそらく、ウェーバーは改定作業にまい進していたことであろう。ミュンヘンの寒さに耐えながら。

「序論」では、エートスという言葉は使われていないものの、これに相当する「経済信念」という要語なら用いられている。一九一三年から一九一五年ころまでは、ウェーバーはまだ経済信念をエートスと明確にとらえてはいなかった。さかのぼってみれば、「生活態度」とともに、「信念」という表現ならば、すでに一九〇四－一九〇五年のプロテスタンティズムの倫理にかんする論文のなかでも使用されていた。かれが『社会科学・社会政策雑誌』に掲載した一連の実質的な宗教社会学的論文のなかで、宗教倫理とのかかわりではじめて「エートス」ないし「経済エートス」という言葉を用いたのは、ほかならぬ「古代ユダヤ教」においてであった。

一九一九年六月下旬の第四六巻第二号に発表された「古代ユダヤ教」の第二部「ユダヤ的パーリア民族の成立」冒頭において、ウェーバーは「捕囚まえの預言者たち」という個所に注をつけ、三二二ページで『ロゴス』第六巻（一九一六／一九一七）に載ったエルンスト・トレルチュの「ヘブライの預言者たちのエートス」と題する論文を評価（Ta: pp. 106–107）した。そこではじめて、「旧約の預言者たちの『エートス』」（G: S. 281, N: S. 607f.）という言葉が使われた。ついでかれは、のちに指摘するけれども、第四六巻第三号のなかで、一七世紀と一八世紀のキリスト教諸宗派の信徒たちにふれたさい、「経済信念」にかえてはじめて「経済エートス」という言葉を用いた。

ウェーバーは「古代ユダヤ教」のなかで、預言者たちの理念によってつくり出された「世界像」がバビロン捕囚の悲劇にさいして「転轍手」として軌道を決定し、ユダヤ人たちがむしろ積極的にパーリア民族として方向転換をとげていった歴史のパラドックスをみごとに解明している。それとともに、かれは呪術にたいする預言者たちの闘争を史実にもとづいて明らかにしている。それらの描写は、あたかもドキュメンタリー映画をみているような感じさえあたえる。そうであれば、さきの「序論」のなかの引用文と「古代ユダヤの預言」にかかわる引用文は、「古代ユダヤ教」が書き上げられたあとで挿入されたものだということを了解できるにちがいない。「古代ユダヤ教」は、ウェーバーがトレルチュの論文に刺激されて「エートス」という言葉を借用しながらも、それを独自に解釈して、自己の宗教社会学的研究をエートスの社会学として再構成していく上で重要な位置を占めていたといわざるをえない。ここでは、「古代ユダヤ教」のうちに展開されている歴史的な政治社会学的分析に焦点をあて、イスラエルの神、預言と預言者、政治的支配構造の変化などを明らかにしながら、預言者たちのカリスマがつくり出したカリスマ的エートスの内実を究明し、預言者たちの歴史的意義を考察したいとおもう。また、ユダヤ教の経済エートスについても検討することにしよう。

二　イスラエルの神

『経済と社会』第二部第四章の「宗教社会学（宗教的ゲマインシャフト関係の諸類型）」によると、東洋およびアジアの救済宗教心が「瞑想」に、西洋の救済宗教心が「禁欲」に向かっているところに、両者の「歴史的に決定的な相違」がみられる。この相違を生み出した原因のうち、ウェーバーが何よりも重視しているのは、「超現世的な、無条件に全能な神という観念、およびこの神によって無から創造された現世の被造物性という観念」である。西洋では、こうした観念によって、アジアに特徴的な自己神化や純神秘主義的な神所有への道が閉ざされ、すべての救済は神のまえでの倫理的な「義認」という性格をもたねばならず、したがって、救済は何らかの「積極的行為」によってのみ実践され、確認されるようになった。

そのさい、すべての倫理的な神が必然的に絶対的な不変性や全知全能性、つまり「絶対的な超現世性」をそなえているとはかぎらない。ウェーバーによると、「倫理的な神にこうした性質をあたえたのは、情熱的な預言者たちの思弁と倫理的パトスであって、あらゆる神々のなかで、キリスト教徒とムハンマドの神にもなった、ユダヤの預言者たちの神だけが、首尾一貫性の完全な仮借ない厳しさをもって、こうした性質を獲得するにいたった」(H: S. 296f)。では、このような前提に立つウェーバーからすれば、イスラエルの神ヤハウェは、どのようにとらえられているのだろうか。

あらゆる預言者たちが一方で、神の力の目印、神の約束の無条件的な信用性の目印と考え、他方で、イスラエルが神にたいして永久に感謝すべき責務の目印と考えたものは、「紅海におけるエジプト軍の奇跡的な壊滅による、エジプトの賦役義務からの解放」にほかならない。海水が左右に分かれて陸地になったという紅海での奇蹟的な出来事(「出エジプト記」第一四章)についていえば、ウェーバーはそれを、ある種の火山現象と関連して生じた、シナイ半島東の紅海における突発的な退潮と、その後の突発的な津波によると推定している。しかしかれは、この出来事の特異性をつぎの点に求める。すなわち、「この奇蹟がイスラエルにおいて、それまで知られていなかった神によって引き起こされたこと、それゆえいまや、この神がモーセのヤハウェ崇拝の設立のもとで、荘厳な契約(berith)によって連合神として受容されたこと」(G: S. 127)である。ヤハウェの「絶対的な超現世性」は、ここに示されている「奇蹟」、「ヤハウェ崇拝」、「契約」(ベリース)による「連合神」などの要因から説明がつくとおもわれるので、それぞれについてふれながら、ヤハウェの特徴を明らかにしてみよう。

まず第一に、「奇蹟」にかんして。アジアの諸宗教において「呪術」が占めている地位に立つものは、イスラエル人のばあいには「奇蹟」である(G: S. 237)。奇蹟は呪術に比べれば、より合理的なものである。インド人の世界は

「非合理的な呪術の園」であった。インドの物語においては「運命」が勝利者であるのにたいして、イスラエルでは、「神の意志」が勝利者である。インドにおけるような「業」ではなく、イスラエルでは、「人格神のもつ、ある合理的な摂理」が運命を決定する。対内的には、呪術への闘争は、預言者たちによって開始された。それとともに、トーラー教師たちによる呪術への組織的な闘争が「旧約聖書の敬虔の内部における呪術の運命」にとって決定的であった。しかし対外的には、「呪術による神の拘束」の拒否は、エジプトの「死者崇拝」にたいする意識的な対立にまでさかのぼる。呪術の欠如が「摂理信仰」、つまり神秘的ではあるが、しかし究極的には理解可能な仕方で「世界を、しかもとくにかれの民の運命を導く神」（G: S. 237f.）という表象を生み出した。

第二に、「ヤハウェ崇拝」について。ウェーバーは、崇拝の対象であるヤハウェをつぎのようにとらえる。「この神は、かれが受容された時代に、かれが受容された地域の物質的な文化水準の結果、いまだ無神像であったという理由で、依然としてたんに無神像のままであった。」（G: S. 167）ヤハウェの無神像性という特徴は、古代イスラエルの「物質的な文化水準の結果」であったとされている。こうしたウェーバーのとらえ方は、さきの紅海における奇蹟の解釈とならんで、きわめて客観的なだけに、改めて注目されてよいとおもわれる。

無神像崇拝の代弁者たちは、ヤハウェの像を禁止しただけでなく、あらゆる像模様の祭式装飾を棄却するよう主張した。この観点は、神像芸術の一切の使用に原理的に敵対するまでに高められた。「出エジプト記」第二〇章にみられる十戒の第二命令（「あなたは自分のために、刻んだ像をつくってはならない」）は、その最終的な定式化以外の何ものでもない。ウェーバーによると、この命令は、のちのユダヤ教における芸術使用と芸術感覚の抑圧にたいして大きな意義をもつものとなった。古くから伝えられた崇拝の対象が「無神像」であったような神は、通常、「目にみえない存在」でなければならなかったし、まさにそうした「不可視性」が神の特殊な尊厳と不気味さを生じさせた。「偶像崇拝」の拒否と嘲笑は、預言者ホセアいらいはじまったもので、知識人たちの増大する首尾一貫性のなかで、つぎのような思慮に支えられていた。すなわち、偶像は、「人間の作品」であるがゆえに宗教的な意義をもたず、せいぜい「一つの神の座席」であるにすぎないという思慮である。こうしてヤハウェは、預言者たちの「禍の神義論」によって「世界の成りゆきにたいする唯一の決定的な神という地位」(G: S. 325) にまで高められた。

第三に、「契約」による「連合神」にかんしてはどうであろうか。たしかにヤハウェは、「戦いの神」であり、「恐ろしい自然災害の神」であった。しかし、そうした特徴にもかかわらず、ヤハウェが契約によって受容された連合神であったこと、換言すれば、「一つの社会的な団体の神」となったし、そうでありつづけたことが、実際には重要であった。モーセいらい、ヤハウェはイスラエル連合の連合神であり、とりわけ「連合戦争神」であった。それは、きわめて独特な仕方においてそうであった。すなわち、かれは「連合の契約」によってそうなったのであり、しかもその契約は、ヤハウェが「それまで知られていなかった神であったし、『遠くからの神』」であったために、「連合成員のあいだで」だけでなく、「ヤハウェ自身とも」結ばれざるをえなかった。ウェーバーは、「これが諸関係の決定的なことであった」とさえみている。

この点かれは、いっそう具体的につぎのように述べている。「ヤハウェは選びの神であった。のちの連合の民が契約をとおしてその王を立てたのとまったく同様に、連合の民がヤハウェとの契約をとおしてかれを選んだ。そして逆に、ヤハウェはほかのあらゆる民族のなかからこの民を自由な決断によって選んだ。」(G: S. 140) ここに示されているように、ヤハウェがイスラエルの「選びの神」であったとしても、双務的な契約にもとづいていたことが重要である。それというのも、あらゆる個人の不法行為にたいする連合成員たちの「宗教的な連帯責任」(G: S. 147) という思想が、イスラエルにとっては「神自身との契約関係の結果」だと考えられたからである。じつは、この連帯責任の思想こそ、あらゆる預言者たちの禍の告知の前提をなすものであった。

ウェーバーによると、この思想は、バビロニアやエジプトのような「純官僚制的国家」においては発展しえなかった。それゆえ、「政治的構造」がイスラエルでは「一つの決定的な役割」を演じた。このように政治的構造を重視する分析方法は、「古代ユダヤ教」に限らず、「儒教と道教」、「ヒンドゥー教と仏教」にもつらぬかれており、実質的な宗教社会学的研究におけるウェーバーの基本的な立場となっている。イスラエルの政治的構造については、のちにくわしくとり上げることにしたい。

ところで、呪術との関連でいえば、それが欠如していたことによって、「倫理的命令」の意義が必然的に、しかも本質的にいっそう現実的なものとならざるをえなかった。その理由は、契約によって連合神のさまざまな命令をまもることに連帯責任を負った、「自由な民族仲間たちの団体」であるイスラエルでは、あらゆる個人がかれの仲間のなかに神の命令の不履行を許したならば、神の復讐を恐れないわけにはいかなかったからである。イスラエルがヤハウェの命令をまもるときは、あらゆる種類の経済的な繁栄がはじまるだろうし、ヤハウェは敵を打倒するだろう。また、土地に雨もあたえられるであろう。そしてイスラエルは、ほかのすべての国民の債権者に、さらには貴族にされるであろう。しかし、ヤハウェの命令に反逆するならば、ヤハウェは正反対のことをおこなうだろう。ここにみられる「申命記」の基調となっているのは、「人間の力ではなく、神の奇蹟だけが救済をおこないうるという確信」（G.S. 262）である。

「倫理の神学的な合理化」あるいは「神観念の純化」についてみておくと、それらは、レビびとのトーラー教師たちによってもたらされた。かれらは、北方のオルギア（狂騒乱舞）に敵対しながら、一方で、エジプトの死者崇拝を排斥し、他方で、バビロニアの占星術的な決定論を拒否して、神のみが運命の統御者であり、ヤハウェ自身が救世主であるという「合理的思想」を生み出すことができた。ウェーバーが『経済と社会』第三部の「支配の諸類型」で、「ヤハウェ宗教がその合理的－道徳主義的な発展のなかで、大きな文化中心地から影響をうけたことは、おそらく確実であろう」(H: S. 795) と述べているのは、この点とかかわりをもつ。そのばあい、かれがトーラー教師たちを念頭においているのは明らかである。

トーラー教師たちは「合理的な信念倫理」を発展させることができた。なぜなら、かれらは普遍的な救済手段としての呪術を拒否したからである。呪術を拒否できたのは、エジプトとバビロニアという「大きな文化中心地」から影響をうけながらも、かれらが両大国から距離をとりうる有利な文化地理的空間のなかに立っていたからにほかならない。ウェーバーは、「トーラー教師たちの訓戒において、人間の不遜にたいする神の嫉妬と嫌悪にかんする古い神話的な表象をあたえられた発展をとおして、いまや、従順に神を信頼するこの信念倫理は、一つの特殊平民的な方向に進んでいった」(G: S. 232) という。かれからみれば、トーラー教師たちは「ヤハウェ宗教の独立した、しかも意識的な精神的担い手」なのである。ヤハウェは切り刻まない石でつくった、簡単な土の祭壇の上に祀られるべきだとする偶像崇拝の拒否が同時に作用しなかったなら、「従順に神を信頼する」合理的な信念倫理も、「特殊平民的な方向」へは発展しえなかったであろう。

ここで、しばしば議論されてきた信念倫理と「責任倫理」の関係についてふれておけば、ウェーバーが「職業としての政治」のなかで、つぎのように述べている個所が見逃されてきたようである。「信念倫理と責任倫理は絶対的な対立物ではなく、補足物であり、それらはいっしょになってはじめて『政治への使命』をもちうる真の人間を形成する。」(I: S. 547) この一文からわかるように、かれは、信念倫理と責任倫理の関係の核心を両者の相互補完性のうちに見出していた。両者が相互に補足しあってはじめて、真の政治家になりうるというわけである。のちにとり上げるイスラエルの預言者たちは、たしかに政治家ではなかった。それにもかかわらず、かれらは、バビロン捕囚という歴史的な悲劇の状況のなかで、ヤハウェとその民とのあいだに立って、信念倫理と責任倫理との苦渋に満ちた相互補完性のうちに生きていたようにおもえてならない。

ヤハウェの特徴についてもどれば、ウェーバーは、かれが「一つの政治団体、つまり古い誓約団体の神」だったことに影響されて、「歴史の神、しかもとくに政治的‐軍事的な歴史の神」だったところに、もっとも本質的な特徴を求めているといってよい。アジアの神々からヤハウェが区別されるのも、こうした特徴による。かれは瞑想によって「神秘的な合一」を求めうるような神ではなく、人が服従しなければならなかった「超人的な、しかも理解されうる人格的な主」であった。ヤハウェは積極的な命令をあたえたし、人はかれの救済意図、かれの怒りの理由と恩恵の諸条件を探求することができた。だからウェーバーは、「こうした前提の地盤の上では、インド式の現世の『意味』にかんする思弁の発展が完全に排除された」（G: S. 240）と強調する。ヤハウェは「政治的運命の神」であり、預言者たちにとっては「行為の神であって、永遠の秩序の神ではない」ことが決定的であった。

「古代ユダヤ教」から「宗教社会学（宗教的ゲマインシャフト関係の諸類型）」に目を転じれば、ウェーバーは、ヤハウェ崇拝を「まったく具体的な歴史的出来事である一つの誓約団体の形成の結果」としてとらえた上で、つぎのように述べている。「このばあい、その普遍主義は国際政治の産物であって、ヤハウェ崇拝とヤハウェ道徳の預言者的な関心のもちぬしたちがその国際政治の実用的な解釈者たちであった。」（H: S. 239）「古代ユダヤ教」で示されている旧約聖書を中心とした分析とはちがって、ここでは、ヤハウェの普遍主義が「国際政治の産物」であり、預言者たちが国際政治を実用的に解釈した結果であると客観的に把握されている。こうしたウェーバーの政治社会学的な視点は、改めて高く評価されてよいだろう。

すでにふれた十戒の第二命令についてみると、かれはプロテスタンティズムの倫理にかんする論文のなかで、この命令が「ユダヤ人の性格学的発展、その合理的な、感覚的文化に無縁な性格」に強い影響をあたえたと指摘している。そのさいかれが、ピューリタニズムにおいては、やや異なるところがあるとしても、「被造物神化」の禁止がイスラエルの「神人間化」の厳禁に対応すると述べている個所（E: S. 181）は、二つの宗教の影響関係を示唆しているとともに、神の比較を試みたものとして注目してよい。ウェーバーからすれば、偶像崇拝の拒否に象徴されているように、ユダヤ教では、神を人間化することが禁じられていた。それにたいして、ピューリタニズムでは、その逆のこと、つまり人間を神化することが禁じられているにすぎない。だから影響の仕方からみれば、類似の方向に作用せざるをえなかったわけである。

それでもウェーバーによると、ルターとカルヴァンのばあいでは、神観念自体に大きな相違がみられる。ルターにおいては、新約聖書の神が完全に優勢であったのにたいし、カルヴァンにおいては、「超越的な神性の思想」が生活を支配した。「カルヴィニズムの大衆的な発展のなかでは、もちろんこの思想は永続しなかった。しかし、新約聖書の天の父ではなく、旧約聖書のエホバがそれに代わった。」（E: S. 92）プロテスタンティズムの倫理にかんする論文でこのようにみているウェーバーは、「古代ユダヤ教」で預言者イザヤにふれたさい、この点に言及している。それによると、イザヤは、預言者の鮮明な言葉をイスラエルが排斥し、軽視しつづけているのを経験して、「それは、ヤハウェ自身が欲していることにほかならず、かれは、民を滅ぼすために、まさに民をかたくなにしている」と確信するにいたった。「新約聖書の告知においても、のちのカルヴィニズムにおいても重要となったこうした考えは、ここにその起源をもった。」（G: S. 324）「一つの恐るべき神」という思想がカルヴィニズムに再来したとみるウェーバーの洞察は、プロテスタンティズムの倫理を分析するばあいの要点となっている。

三　預言の二類型とイスラエルの預言者

預言者がどういうものかについては、これまでまったくふれてこなかった。ここでは、預言そのものと、紀元前五八六年のバビロン捕囚前後のイスラエルの預言者たちについてみておかなくてはならない。預言者たちがつくり出したカリスマ的エートスとかれらの歴史的意義は、かれら自身の特徴と密接に関連していたはずだからである。

ウェーバーは「宗教社会学（宗教的ゲマインシャフト関係の諸類型）」のなかで、預言を二つの類型に大別している。いわゆる「倫理的預言」と「模範的預言」（H: S. 255）である。ツァラトゥストラとムハンマドは前者の代表であり、仏陀は後者の代表である。模範的預言のばあい、預言者は模範的人間であり、自己自身を手本としてほかの人びとに宗教的な救いへの道を提示する。仏陀の教説は神の委託や倫理的な服従義務については何も知らず、むしろ、かれ自身とおなじ道を歩んで救いを求める人びとの独自の関心に向かう。これにたいして、倫理的預言のばあい、預言者は神の委託のもとに、神と自己の意志を告知する「道具」であり、この道具は委託によって倫理的義務としての服従を要求する。

「世界諸宗教の経済倫理」の「序論」では、倫理的預言は、「『使命』－預言」（»Sendungs«-Prophetie）とよばれている。使命預言は「神の名において当然倫理的な、そしてしばしば積極的に禁欲的な性格の諸要求」（E: S. 257）を現世に向けた。使命預言のばあい、模範的預言とは異なり、篤信者たちは自己を神的なものの「器」としてではなく、神の「道具」として感じた。ウェーバーによると、こうした使命預言は、「創造主」という神の観念と「親和性」をもった。この神の観念は、模範的預言の非人格的な「最高存在」という神の観念とは対照的である。「前者の観念はイランおよび近東の宗教心と、後者から派生した西洋の宗教心を支配したし、第二の観念はインドおよび中国の宗教心を支配した」（E: S. 258）とウェーバーはいう。

このような指摘からするなら、ウェーバーは、つぎのように認識していたとみてよいだろう。すなわち、すでにふれた東洋およびアジアの救済宗教心を特徴づける「瞑想」が模範的預言に対応して非人格的な「最高存在」という神の観念に、他方、西洋の救済宗教心の核心をなす「禁欲」が使命預言に対応して「創造主」という神の観念にそれぞれ親和性を示した。この構図は、ウェーバーがプロテスタンティズムにかぎらず、世界諸宗教を分析するさいの基本的な視座となっている。みずからを神の「道具」と感じていたカルヴァンなどの使命預言が「『市民的な』諸階層」に「好都合な基盤」を見出し、かれらのあいだに行動的禁欲を定着させながら、「意図されなかった結果」として近代の「資本主義的エートス」を誕生させたことは、プロテスタンティズムの倫理にかんする論文が明らかにしているとおりである。

社会学的にいえば、預言者とは、「自己の使命により宗教的な教説や神の命令を告知する純個人的なカリスマの担い手」（H: S. 250）である。イスラエルの最初の預言者アモスを含め、ホセア、ミカ、イザヤ、エレミヤ、エゼキエルなどは、いずれもこの意味での預言者であった。預言の類型からすれば、もちろんかれらは使命預言にあたる。この点、ウェーバーは、「憂うつな気分に陥りがちな人エレミヤ」にふれながらつぎのようにいう。「救済財について何か特別なものを所有していると自分で自己評価する預言者はひとりもなく、かれはつねに、神の命令を告知する手段であるにすぎない。かれはいつも、そのときどきの神の委託の道具かつ奴隷のままでありつづけただけである。これほど純粋に『使命預言』の類型がきわだっていたことは、ほかのどこにもけっしてない。」（G: S. 313）ウェーバーにとって、エレミヤほど「純粋に」使命預言の特徴を顕著に体現していた預言者はいなかった。

ウェーバーは、エレミヤの訴訟を「六〇〇年後におなじ場所でおこったこと」、つまりイエスの裁判に投影させ、それにたいする「一つの序曲」であるような印象をあたえるとみている。しかし、それだけではない。エレミヤのばあい、「『心の包皮』の割礼」が決定的に重要であって、かれにみられる「純粋な信念にもとづく『新たな契約』」の理念がキリスト教の発展にとって意義あるものとなったときわめて高く評価されている。ウェーバーからすれば、エレミヤは、ユダヤ教とキリスト教を架橋した使命預言の偉大な人物であったにちがいない。

イスラエルのばあい、北方からはカナンのオルギア道と恍惚道の影響のもとに、集団的な恍惚道の「ネビイーム」（職業的預言者たち）と呪術の非合理的かつ情緒的な諸形式が生じた。それにたいして、農耕地のオルギア道を知らなかった南方からは、「合理的なレビびとのトーラーと合理的、倫理的な使命預言」（G. S. 206）が生まれた。ユダヤ教の「呪術憎悪」と呪術の拒否は、「南方のピューリタン的なヤハウェ主義者たち」がカナンにおける農耕の神バールの呪術に敵対して闘争し、勝利をおさめたときからはじまった。「古代ユダヤの預言」にかかわる引用文が改定作業のさいにプロテスタンティズムの倫理にかんする論文のなかに書き込まれたのは、ウェーバーがイスラエルにおける呪術憎悪と呪術の拒否をこのように分析していたからである。ウェーバーの歴史認識からすれば、ピューリタニズムにおいて終止符が打たれた現世の呪術からの解放という歴史の合理化過程は、じつは、古代ユダヤの預言にその起源をもっていたのである。

使命預言とみなされるイスラエルの預言者たちのうち、ひとりも「教団」を設立しようとは考えなかった。それというのも、主キリストの崇拝にみられたように、「新しい崇拝のゲマインシャフトの創設が欠如していたし、預言者たちの表象圏においては欠如せざるをえなかった」からである。ウェーバーはこの点に、古代キリスト教の預言にたいする「一つの社会学的に決定的な相違」を認めている。

イスラエルの預言者たちは、その影響の仕方からみれば、たしかに客観的には「政治的な、しかもとりわけ世界政治的なデマゴーグたち」であり、「政論家たち」であった。しかし、かれらは、主観的には政党員ではなかったし、はじめから政治的関心を抱かなかった。かれらは「まったく宗教的に、ヤハウェの命令の実行」をめざしていた。預言者たちは一つの政治的な民族ゲマインシャフトのただなかに立っており、その運命にだけ関心をもつ。しかもかれらは、恩寵の媒介として「聖餐式」を用いたキリスト教の伝道者たちとは異なって、「祭祀的にではなく、純粋に倫理的に」関心をもった。「対外政策上の態度においても対内政策上の態度においても、すべてが現実政治的にではなく、純粋に宗教的に動機づけられていた。」(G: S. 296) このように預言者たちの特徴は、かれらが「純粋に宗教的に」動機づけられていたところにある。かれらは終始、すでに周知の神の命令の違反を引き合いに出す。

　預言者たちの身分的な由来はさまざまであり、統一的ではない。しかし、かれらがプロレタリア的な階層、あまり特権に恵まれていない階層、教養のない階層などの出身だったとはいえない。まして、かれらの社会倫理的な態度決定がかれらの個人的な素性によって規定されたというのは正しくない。「なぜなら、非常に異なった社会的な由来にもかかわらず、かれらはまったく統一的であったからである。」(G: S. 291) イザヤは高貴な氏族の子孫であり、エゼキエルは高貴な祭司であった。ミカが小都市の出身だったのにたいして、エレミヤは田舎の出であり、ウェーバーの推測では、古いエリ族の出身であった。だからほとんどの預言者たちは、富裕な名家の出身者であった。そのなかで、アモスだけが小家畜飼育者である。このように社会的な由来が異なっていたのに、かれらは終始、庶民のためにレビびとの説教の社会倫理的な「愛の諸命令」を情熱的に主張したし、好んで有力者と富者にかれらの怒りの呪いを投げつけた。この点で、かれらは統一的だったわけである。しかしそうだからといって、かれらは「民主主義的な社会理想の担い手」ではなかった。

　一つの重要な原理が、預言者たちを身分的に一つにした。つまり、「かれらの神託の無償性」(G: S. 292, H: S. 251)

という原理である。この原理がかれらを王の預言者から区別したし、古い「先見者」や「夢占い師」のやり方による営利経営からも区別した。ウェーバーは、ラビたちの平民的な知識人階層によって、そしてそこから、キリスト教の使徒たちによって、のちにこの原理が引き継がれたことが「宗教社会学的に重要な例外」であったとみる。ただし、イスラエルの預言者たちのばあい、預言の「霊」がかれらをとらえたのは、まさにかれらがひとりでいるときの「孤独」のうちにおいてであった。それにたいして、使徒時代のばあい、霊は信仰心のあつい「集会」か、その集会参加者のうちのひとり、もしくは若干の人びとをとらえたという大きな違いがある。それというのも、原始キリスト教においては、「教団そのもの」が霊の担い手として重要な宗教的評価をえていたからである。

　預言者たちが神託を無償でおこなったことについては、それなりの根拠がある。かれらは何よりも、とくに禍を告知したのであって、不吉な禍の告知に金を払うものはいない。しかもそれ以上に、かれらが全体として個人的な拠り所をもっていたとすれば、エルサレムにおける高貴で敬虔な個々の一族、つまり氏族をおいてほかにない。氏族は預言者たちのパトロンであったし、ときとして何世代にもわたってそうであった。ウェーバーによると、「預言者たちは敬虔な諸伝統の番人、しかもとりわけ預言にたいする伝来の敬意の番人としてのゼケーニームのあいだにもっとも早く支援を見出した」(G. S. 293)。ゼケーニーム、つまり氏族の長老たちが預言者たちを支えていたわけである。

　心理学的にみれば、捕囚まえの大多数の預言者たちはエクスターティカー（忘我状態で行動する奇人）であった。そのばあいウェーバーは、預言者たちのきわめてさまざまな種類の「病理学的な状態性と病理学的な行動」よりも、むしろつぎの二つを重視する。一つは、「預言者たちのエクスターゼそのものの情緒的な性格」である。この性格は、「無感情的なエクスターゼのあらゆるインドの形式」からかれらのエクスターゼを区別する。もう一つは、預言者たちがみずから非日常的な状態性、幻影、強制された演説と行動を「有意味的に解釈した」という「重要な特質」である。このばあい、個々の預言者たちの大きな心理学的差異にもかかわらず、かれらはいつも「同一の方向」において解釈した。かれによれば、「解釈することは今日のわれわれにはあまりにもあたりまえのこととおもわれるけれども、解釈すること自体が、かつてすでに自明ではなかった」(G: S. 303) わけである。

このようにとらえてウェーバーは、捕囚まえの預言者たちの典型的な言葉が「異常な情緒のなかで」語られた点にふたたび注目する。そしてかれは、本来はエクスターゼ的な病理学的興奮がすでに後退し、次第に消えていったときに、この情緒がどこから発しているのかと問う。その答えは、つぎのとおりである。「それはまさに、これらの精神病理学的な状態性そのもののパトスからではなく、預言者が体験したことの意味のみごとな把握における熱烈な確信から発する」(G: S. 305)。預言者たちのこうした意味解釈における「熱烈な確信」こそ、かれらの力強い影響力の源泉であったにちがいない。

カナダの社会学者アーヴィング・M・ツァイトリンは、古代ユダヤ教にかんする研究のなかで、ここでとり上げた預言者たちにふれたさい、「古典的預言に適用したようなマックス・ウェーバーのカリスマの概念は、誤解をおこしやすいかもしれない」(Qa: p. 211) と批判的に述べている。その理由は、預言者たちの「主要な使命」が「ヤハウェの言葉を伝えること」にあったからだという。ツァイトリンによると、預言者たちはかれら自身をヤハウェの精神の担い手とはみなさなかった。かれらは単純にヤハウェの言葉を伝え、「宗教的かつ社会的な批評家」として行為した。かれらは一般的な意味での「エクスターティカー」でもなかった。預言者たちがたんなるエクスターティカーでなかったことについては、ウェーバー自身の分析が示しているとおりである。

ツァイトリンは、預言者たちの使命がヤハウェの言葉を伝えることだと考えて、カリスマ概念の適用に異議を唱えるけれども、かれの預言者たちの「主要な使命」にかんする考え自体が、さきにとり上げた神の道具としての特徴をもつ倫理的預言ないし使命預言の概念と一致しているのである。だからかれの主張は、ウェーバーの重要な概念を見落としたことから生じた「誤解」そのもので、そもそも批判とはなりえていない。それに、ツァイトリンがカリスマ概念の社会学的な特徴を十分理解しているかどうかについても疑問である。

この点、イギリスの宗教社会学者ブライアン・R・ウィルソンは、カリスマ概念の変造、つまり世俗化（日常化）を鋭くとらえながら、つぎのように述べている。「ウェーバーのカリスマという概念は、その個人の特質ではなく、信奉者（ないし追従者）たちとかれらが信じた人とのあいだの関係の特質を示している。」（Pa: p.7）カリスマ的支配が帰依者たちの承認を前提とする非日常的な「社会関係」であってみれば、この指摘はカリスマ概念の本質をついているといえる。ツァイトリンはカリスマ概念のこうした社会学的な性格を理解していないので、かれには、預言者たちが「宗教的かつ社会的な批評家」として行為したとしかみえないわけである。

エレミヤにおける最後の未来の希望を例外として、預言者たちは「農民たち」にけっして支持を見出さなかった。預言者たちは「厳格なヤハウェ主義者」として農村のバール崇拝の聖地にたいしてやっきになって反対していたからである。同様に、かれらは「王」に一度も支持を見出さなかった。それというのも、かれらは、現実政治的に不可避な外国の祭祀の認可、飲酒と暴飲暴食、賦役国家的な諸改革を負わされた王国に反駁しているヤハウェ主義的な伝統の担い手だったからである。王たちは、不確実な時代においてだけ預言者たちのしたいようにさせておく。しかし、自分たちが安全だと感じると、かれらは血なまぐさい迫害の手段に訴える。預言者たちは王にたいしてとおなじくらいに、有力者、とりわけ役人たちにたいしても熱心に反対する。預言者たちは役人たちの裁判の不正に加えて、かれらの不信心な生活様式と暴飲暴食を呪う。

「祭司たち」との関係についてみれば、これも宗教的に条件づけられていた。神から示されたものとして預言者たちが告知する神の命令にたいする祭司たちの不従順、さらには、かれらの個人的な罪深さのゆえに、預言者たちは祭司たちを強く非難する。ウェーバーはここに、「個人的カリスマの所有者」が「官職カリスマ」を否認する典型的なやり方をみる。預言者たちにとっては、祭司たちの活動についても民衆についても、犠牲ではなく、神の言葉とトーラーとにたいする「従順」だけが重要であった。預言者たちが祭司権力に対抗できたのは、「敬虔な平信徒の強力な諸氏族が預言者たちの背後に立っていた」からである。氏族を預言者のパトロンととらえるウェーバーの視点はここにもみられるので、改めて留意されてよい。それにしても、すでにイスラエルの権力構造にまで立ち入ってしまったので、つぎに、イスラエルの政治的な支配構造とその変化を具体的に考察することにしよう。

四　支配構造と非武装化

古代イスラエルの社会組織は、通常、父の家々によって構成されていたようである。それらの家共同体は「氏族」(mischpacha) の一部であり、氏族は「部族」(schebat) の一部であった (G: S. 19f.)。しかし部族は、もろもろの氏族や家族に分かれていたのではなく、諸都市や村々から成り立っていた。イスラエルの人びとがすべて氏族に属していたかどうかは疑問だとしても、すでにみたところからわかるように、ウェーバーは「諸氏族の長老たち」を重視する。なぜなら、イスラエルの古代全体にわたって、大土地定住諸氏族とその長老たちは、「もっとも強力な王によってさえも、結局は無視することができない一要素」(G: S. 23) でありつづけたからである。

大氏族の長老たちは、平時においては役人であり、裁判官でもあった。モーセ五書の一つである「申命記」においてさえ、純政治的な伝承の編集者にとって、かれらは「民族の唯一の正当な代表者」とみなされているほどである。ほかのすべての時代と比べると、ソロモンとヨシヤ（ユダ王国の王：在位紀元前六四〇－六〇九）のあいだの時代には、都市の長老たちは史料のなかで著しく後退している。しかし、それ以前の時代はもとより、「捕囚期後の王国の完全な廃止のあと」でさえ、長老たちは諸都市でも権力地位をとりもどし、維持している。捕囚の民のあいだでも、権威はまず第一に長老たちにあった。このようにウェーバーは、古代イスラエルの支配構造が長老制によって支えられていたとみる。長老制がカリスマ的エートスの受容を容易にさせた点については、のちにエートスを考察するさいにふれたいとおもう。

イスラエルの古い社会体制は、一方における土地所有の戦士諸氏族と、他方における法的に保護された「寄留者たち」である「客人諸部族」、つまり牧羊者たち、客人手工業者たち、商人たち、祭司たちとのあいだの契約によって統制された一つの持続的な関係にもとづいていた。すでに述べた契約がイスラエルにとって意義をもっていた理由は、こうした社会体制の特質にあった。ウェーバーによると、イスラエルの社会的、経済的な構成を支配していたのは、「兄弟のような親交」のもつれにほかならなかった。それゆえ、そうした状況において、諸民族のなかでの自己の全体的な位置にかんするイスラエル自身の判断にとって、神ヤハウェ自身との契約が「根本的な思想」となった。

ウェーバーより六歳年長のジンメルであれば、Glaube のもつ二重の意味（信頼、信仰）に着目して、つぎのように解釈するであろう。イスラエルの人びと相互の「信頼」が社会的な担い手への結合から離れて、神ヤハウェへの「信仰」へと昇華した。そして、共同体にたいする契約という規制された関係が発展して「生き生きした、しかも活動的な神」を成長させるにいたった。だからヤハウェとの契約という思想には、集団の統一の独特な形式が「反映ないし昇華している」（Ua: pp. 190–199）にすぎない。こうしたとらえ方は、史実をあまり考慮していないのでやや抽象的だとはいえ、「個人間の相互作用」や「社会的な関係の諸形式」を重視しているだけに、社会学的には十分可能であり、有効かもしれない。

ところで、神ヤハウェとの契約が「根本的な思想」となった事情としてウェーバーが重視しているのは、つぎの二つである。一つは、完全に定住しない諸階層のあいだに見出される一定の団体類型、つまり「宗教的教団ないし教団的な祭祀団体」の安定性である。この点かれは、「長期的にみて政治的かつ軍事的な諸組織を支える力のある基盤としては、このような宗教的団体のみが適していたようにおもわれる」(G: S. 87) と推定する。ユダが部族として結集して一つの強力な政治的組織になったのも、特別なヤハウェ契約による「兄弟のような親交」に負っていたからにちがいないとみられる。もう一つは、イスラエルの誓約団体自体が連合の戦争神、社会的諸秩序の保証人、しかも誓約団体員の物質的な繁栄、とりわけそのために必要な雨の創造者としての「ヤハウェのもとでの、しかもヤハウェとの一つの軍事同盟」であったことである。このようにみた上で、ウェーバーはつぎのようにいう。「いずれにせよ、『イスラエル』とは一つの部族の名ではなく、一つの団体の、しかも一つの祭祀的団体の名であった。」(G: S. 90) ウェーバーからすれば、さまざまな部族の盛衰、同化と統廃合などにもかかわらず、大小の都市国家とは対照的に、「都市定住的でない一つの団体」がイスラエルのヤハウェ連合を形成していた。

ヤハウェ連合は、王制時代にいたるまで「常設の政治的諸機関」をもたなかった。たしかに連合は、すべてのイスラエル人がほかの部族で享受できた寄留人法の違反などに復讐した。しかし、平和の時代には、何らかの「統一的な裁判所」も何らかの種類の「統一的な行政官庁」もなかった。連合の統一性は、「ヤハウェによって正式に派遣された軍事英雄か戦争預言者」がかれの部族の領域をこえて権威を主張したときにあらわれた。

ウェーバーは、「古い連合時代のすべてのカリスマ的な軍事英雄たち」を、伝承にもとづいて単純に「ショーフェティーム」、つまり「士師」である裁判官とはみなさず、また「法告知者」とも考えない。伝承は通常の法の指示、つまり裁判を長老たちに委ねており、神託ならびに訴訟神託は祭司の仕事だったからである。だからウェーバーは、つぎのように指摘する。「デボラ式の『預言者たち』があたえたのは、訴訟神託ではなく、政治的神託であったし、カリスマ的『ショーフェティーム』の特別な活動は、法判決や裁定ではなく、政治的－軍事的な諸決定であった。」(G: S. 94) 士師時代のヤハウェ連合の政治的な支配構造は、ウェーバーによれば、「政治的神託」を下す預言者たちや「政治的－軍事的な諸決定」をおこなう軍事英雄たちのカリスマ的支配と長老制との平和な二重権力状況として特徴づけられている。

かれによると、最初の王たち、つまりサウルやダビデでさえ、法の担い手または創造者ではなく、「軍事指導者」であると考えられていた。ダビデは都市王として独立する以前は、成功だけによって神に油を汴がれたものとして正当化された、「古い意味でのひとりのカリスマ的君主」であった。ダビデはベリース、つまり契約によって合法的な王となったのであり、北方地方のダビデへの加盟も、かれと諸部族の長老たちとのあいだの「一つの特別な契約」によって生じた。こうした契約関係が、カリスマ的君主と長老たちのあいだの対等性を証明しているといえよう。

「イスラエルの母」とよばれているデボラの戦役では、「徒歩の農民たち」と「白いロバに乗って出陣するかれらの君主たち」(G: S. 90)、つまりダビデのようなカリスマ的君主たちとが、都市王たちの戦車を操縦する騎士たちと戦う軍隊の中核を形成している。連合は形式的には、連合戦争のときにだけ現実となった。いうまでもなく、ヤハウェ自身が連合戦争の「真の最高指揮官」である。誓約の破棄者たちは、誓約団体員たちにだけでなく、ヤハウェ自身に援助を拒絶したとみなされた。だから連合戦争は、「一つの聖戦」であったか、あるいはいつでも聖戦となりえた。そのばあい、「古い連合の本来の中核」が山地の農民たちとステップ地帯の家畜飼育者たちであったことを忘れてはならない。

ダビデが都市に居住していらい、しかし、決定的にはソロモンいらい、「王国の構造」は完全にその姿をかえてしまった。「世襲カリスマ的、都市定住的な君主制の最終的な創設と、これにつづいた軍隊の組織の変化」（G: S. 108）がもたらされたからである。ソロモンはエジプトから馬と戦車を輸入し、騎兵隊をつくった。王の家政は近衛部隊と戦車兵士たちのために存在した。対内的には、これらのほかに、つぎのようなものがつけ加わった。要塞、宮殿、神殿建設、王の耕地などのために国家的義務をもつ王室手工業者と臣民賦役。将校であり、首都では裁判官でもある王の役人たち。権力手段としての、しかも忠臣にほどこすための王室財宝。一二の区域に分割された臣民たちの規則的な現物貢租。最後に、エジプトのやり方にしたがった労働賦役。対外的には、正規のハレム。世界政策を推進しうるためにエジプトとフェニキアと姻戚関係をもち、同盟を結ぶこと。その結果は、一部は外国王妃のためのたんなる宮廷礼拝堂の形式における外国祭祀の輸入であり、一部は自国に固有な祭祀への外国の神々の順応による外国祭祀の輸入であった。

ウェーバーは要するに、「ソロモンは、農民たち、牧羊者諸氏族、および小さな山岳諸都市からなるゆるやかな誓約団体から、例のすべての手段によって、一つの厳格に組織化された政治的構成体をつくり出そうと試みた」（G: S. 109）という。一二の地理的な王国の行政区域が、しなやかなヤハウェ連合として結びついていた諸部族や農民たちにとって代わった。ラインハルト・ベンディクスの表現を用いれば、「その富と権力の増大のゆえに、小国ははじめて国際政治に関与する機会をえた」（T: p. 212）わけである。

それでは、政治的な支配構造の変化、「とりわけ、戦車兵士軍の増大する重要性」によって、何がもたらされたのであろうか。古い連合の担い手たちのあいだにおける「非武装化」にほかならなかった。

まず、「農民諸階層の非武装化」が進んだ。農民たちは、かつて自分たちが賦役からの自由のために騎士たちと戦ったのを記憶していた。しかし、いまや農民たちは、王および都市貴族の政治的、経済的な優勢と農民たち自身の「債務奴隷化」に感づいた。「宗教社会学（宗教的ゲマインシャフト関係の諸類型）」によると、農民が宗教心の共同の担い手となるのは、「内的（国家財政的もしくはグルントヘル的）な力や外的（政治的）な力」（H: S. 267）が農民を奴隷化やプロレタリア化の危機にさらすときだけである。この点、古代イスラエルのばあい、両方の力が強大となり、農民が宗教心の共同の担い手となりえたのは、歴史的に稀な現象であったといえる。そのさい、非武装化が随伴していたことが、きわめて重要であろう。

一方、半遊牧的な小家畜飼育者の数の減少とならんで、牧草地区の縮小によるかれらの諸部族の崩壊をもたらしたのも、王国の「政治的な発展」にほかならなかった。ウェーバーは、「そのばあい、われわれにとって最重要な帰結は牧羊者たちの非武装化であった」（G: S. 54）と強調する。分裂してしまった牧羊者たちの諸氏族は、定住農民たちにたいしてと同様に、戦闘能力のある都市貴族にたいしても、いっそう無力な、ただ許容されるだけの存在となってしまった。

このように、「戦車で戦う騎士の召集軍をもった一つの統一的な軍事君主制の創設は、そのさいイスラエルの自由な農民たちと牧羊者たちからなる召集軍の運命を決定した」（G: S. 65）のである。人びとは「賦役王国の支配」のなかで、古い連合とその軍隊が社会的には別の様子をしていたことを熟知していた。さまざまな税と王国の賦役は、自由なイスラエル人には何か新しいものとして苦々しく感じられたにちがいない。裁判官の地位にあった都市の長老たちは、王の要塞であった居住地では、王の代官たちや役人たちによって排除され、地方においてだけかれらの古い地位を保持できたにすぎない。

非武装化はさらに、「古いエクスターゼ的な英雄カリスマ主義」のなかにも浸透した。ミリアム、デボラ、サムエルたちは、先頭を切って戦う古い自由の戦士、つまりネビイームであった。大衆の回想では、かれらは「連合戦争神の『霊』にとらえられた純粋な、敬虔な英雄信念（Heldengesinnung）の担い手たち」とみなされていた。敵はエジプト、カナン、ペリシテの戦車で戦う騎士たちであり、ヤハウェはこれにたいして、英雄たちと預言者たちのエクスターゼを覚醒させて農民軍に勝利をあたえた。しかしいまや、戦車で戦う訓練された騎士と外国生まれの傭兵からなる召集軍が王の固有な軍隊となった。「したがって、ナービーｰエクスターゼとナジルびとの禁欲も、非武装化――これは、こうした内政的発展の、宗教史的にきわめて重要な一傾向であった――された。」（G: S. 110）このようにみてくると、ウェーバーが政治的、軍事的な支配構造の変化に着目し、その帰結である「非武装化」を最重要視しているとともに、それを「宗教史的にきわめて重要な一傾向」とさえ認識していることが確認できるはずである。

ドイツの哲学者・社会学者エードゥアルト・バウムガルテンは、ウェーバーをマルクスと対比して、つぎのように述べた。「マルクスの歴史理論が『経済的唯物論』と名づけられるとすれば、ウェーバーの世界史的分析の基本的な、きわめて拡張された部分は、マルクスの『経済的唯物論』を同時にその一部として組み込んでいる『政治的、軍事的な唯物論』である。」（S: S. 577）ウェーバーの「世界史的分析」、とりわけその政治社会学的な分析がバウムガルテンのいう「政治的、軍事的な唯物論」によってつらぬかれていることはたしかである。このことは、古代社会自体が政治的、軍事的な要因によってその盛衰を左右されたせいにもよるのであろうが、すでにみてきたところから察知されるように、「古代ユダヤ教」についてはとくにあてはまる。またおなじことは、『国家科学辞典』の一項目として書かれた大作「古代農業事情」についても妥当する。すでに阿閉吉男がバウムガルテンの指摘をとり上げて述べているように、「政治的、軍事的な唯物論」は、ウェーバーが「多元的社会観の立場をとることを示すもの」（Sa: p. 123）と解することができる。

ところで、「政治的に志向した独立の『先見者たち』」の最初の出現が、ダビデとソロモンのもとで王国がイスラエルの政治的構造と、それによってまた社会構造とにたいしてもたらした大きな変化とかなり正確に関連しているのは偶然ではなかった。かれらにとっては、国家が「賦役国家」に、つまり戦車戦と世界政策を推進する「エジプトのような奴隷の家」に変貌してしまったことがあらゆる禍の源泉なのである。その全体的な「官僚制的な装置」は、エジプトをおもい出させるような嫌悪を引き起こすものであった。これは、民衆の見解とも一致していた。

そこで、王から独立した先見者たちと預言者たちは、ヤハウェ自身が将軍として先頭に立って農民軍を導き、ロバに乗った君主が戦車と同盟ではなく、もっぱら連合戦争神とその助けを信頼した時代を美化した。ウェーバーは、「ここからはじめて、ヤハウェの約束にたいする『信仰』の高い評価がイスラエルの宗教心のなかへ入り込んだ」(G: S. 120) と強調する。ここに示されているように、ウェーバーが政治的、軍事的な支配構造とのかかわりで宗教心をとらえているのは明らかである。宗教心を政治社会学的にとらえるウェーバーの複眼的な視座は、これまであまり注目されてこなかったようなので、改めて評価されてよいのではないだろうか。それにしても、ウェーバーによれば、先見者たちのなかで最初の「禍の預言者」はエリヤであった。エリヤこそ、アモスからはじまりエゼキエルに終わる「例の一連のりっぱな人物たちの先駆者」(G: S. 118) だった。そして何よりも、「実際におなじく非武装化された」これらのりっぱな人物たちが、王権とそれによって引き起こされたさまざまな改革にたいする「反対の精神的な担い手」となっていった。ウェーバーの目からすると、預言者たちも「おなじく非武装化された」ととらえられている点が重要であろう。

イスラエルの古い社会的な編成は、戦闘能力をもった農民の土地所有氏族と、寄留者たちである牧羊者氏族、手工業者、日雇い労働者、楽人の被保護客人氏族とから成り立っていた。しかしそれが、まったく別の編成にとって代わられてしまった。一方における、「ギッボーリーム」とよばれる騎士的な軍事訓練の担い手である都市定住地主貴族と、他方における、負債を負い、完全に土地を失った、それゆえプロレタリア化したイスラエル人およびヤハウェ儀式に改宗した寄留者たちからなる編成である。いまや、後二者の人びとは、都市貴族に対立する「貧しい人びと」として一つの統一的な階層を形成した。貧しい人びととは、社会的に、あるいは経済的に統一した階層ではなく、「戦闘能力のある諸氏族には属さないすべてのもの」を含む。換言すれば、かれらは「政治的権力の所有」に参加しておらず、王の軍事国家と賦役国家の担い手でもなければ、貴族の社会的な権力地位の担い手でもなかったという意味で、「平民的な諸階層」であった。

イスラエルでは、王国はギッボーリームの権力と結びついていた。つまり、王国と経済的に戦闘能力のある富裕な氏族たちとが癒着していたのであり、王の役人たちはたいていそうした都市貴族から採用された。非武装化された農民たちと牧羊者たちなど、敬虔なヤハウェ崇拝者のすべてのものが、さまざまな政治的かつ社会的な改造に起因するこうした対立のなかで、純粋なヤハウェ敬虔と自由なヤハウェ連合の「古きよき時代」を美化するという合図のもとに一つにまとまった。ウェーバーは、こうした「政治的状況、つまり賦役王国とギッボーリームに敵対する一つの強力な政治的‐社会的な反対派の存在」が一次的に宗教的に条件づけられた預言者たちの告知に「共鳴基盤」をあたえたとみる。「政治的‐社会的な反対派」とは、「非武装化された平民たち」であり、プロレタリア化した「平民的な諸階層」であったことはいうまでもない。レビびとのトーラー教師たちが訴えたのも、これらの階層であった。そしてまさにこれらの階層が、預言者たちのカリスマを支持したのであり、カリスマ的エートスの担い手となっていく。ウェーバーは、「イスラエルにおいて、しかもここにおいてのみ、平民的な諸階層は一つの合理的な宗教倫理の担い手となった」（G: S. 239）と強調している。そのばあい、かれがその原因の一つを政治的、軍事的な支配構造の変化、とりわけその帰結である非武装化に求めていることは、もはや説明するまでもないであろう。カリスマ的エートスの形成は非武装化をぬきにして考えられない。

　ウェーバーのいう「非武装化」については、その重要性を指摘する文献はあっても、それを政治社会学的な角度から詳細にとり扱った研究は少ない。そのなかで、ドイツの女流社会学者ブリギッテ・ホメリヒの研究はやや緻密さに欠けるとはいえ、評価されてよいだろう。彼女は、古代イスラエルの現世内的行為の倫理が「一つの普遍主義的な有効性」をうけとったとみた上で、その倫理についてつぎのように述べている。「それは、王とならんで土地所有を意のままにしている戦闘能力のある都市貴族が最強力な利害集団に成長し、ますます非武装化された牧羊者たちと農民たちを平民身分におしやったときにはじめて生み出された。」（Y: S. 91）たしかにそのとおりだが、彼女は、非武装化されたのが「牧羊者たちと農民たち」だけではなかったことに気づいていない。アメリカの社会学者ランドル・コリンズの研究（V: pp. 106–111）も、「政治的状況」を重視している点では評価できるけれども、非武装化がどのような階層に浸透したかとなると、ホメリヒのばあいとおなじであって、正確さに欠ける。この点、シュルフターは「古代イスラエルの宗教倫理と西洋の合理主義」と題する論文で、王国によって「政治的‐軍事的な枠条件と経済的な枠条件」が形成されたとみて、そのさい、「宗教的大衆、つまり農民たちと牧羊者たちだけでなく、とりわけ宗教的エリートたち」が「非武装化」に屈した（Ca: S. 43）と的確にとらえている。この指摘は、ここで明らかにしたところからわかるように、十分首肯しうるものである。

五　預言者たちの情熱

イスラエル内部の「典型的な社会的対立」は、いうまでもなく預言のなかに明瞭にあらわれた。しかしそれとならんで、いやそれ以上に、「周囲の世界」、つまり対外的な政治的状況が、預言者たちに「かれらの告知の中心点に位置している諸問題」にたいして対処せざるをえないような環境を提供した。ウェーバーによると、預言者たちは「かれらの時代の世界政治的な舞台という大きな共鳴基盤」(G: S. 299) の上に立ってのみ考えることができた。神の怒りの理由、神を慈悲深い気分にさせる手段、国民の将来の希望などにたいする問いをともなって、国民の「戦争への不安」の声が預言者たちにおし寄せた。パニック、敵にたいする激怒と復讐心、死、分断、破壊、捕囚、奴隷化への不安のなかで、エジプト、アッシリア、バビロニアのいずれにたいして抵抗し、屈服し、同盟するのが正しいのか。こうした問いが全住民の心を動揺させ、預言にはね返った。

ウェーバーがこのようにみるのも、ソロモン以後のイスラエルの悲惨な運命があったからである。ソロモンの死後、イスラエルは北（イスラエル）王国と南（ユダ）王国に分裂する。北王国は終始、アッシリアの脅威にさらされ、紀元前七二二年、サルゴン二世によってサマリアが占領され、翌年には滅亡し、アッシリアの属州となった。また大国エジプトに近い南王国も、アッシリアにとって代わった新バビロニアのネブカドネザル二世の再三にわたる攻撃をうけ、紀元前五八七年にエルサレムが占領され、破壊されてしまう。このときエジプト軍が救援のために進軍したものの、バビロニア軍に敗れ、退去。翌五八六年には、南王国も滅亡する。バビロン捕囚である。

このような「国民的国家制度の没落と捕囚」があったからこそ、ウェーバーは、宗教的発展のなかで禍の預言の告知にその地位をえさせたのは「完全にイスラエルの歴史的運命」(G: S. 322) であったと指摘する。預言の増大する確固とした威信は、同時代の人びとの記憶に深く刻み込まれているこれらの異常な事件にもとづいていたのであり、一連の事件のなかで、預言は、その成果によって予期せぬ「正しさ」を獲得したのである。当時強力だった北王国にかんするアモスの禍の神託や、エルサレムの占領と破壊によって、若きイザヤ、ミカ、しかもとくにエレミヤとエゼキエルの恐るべき禍の神託などが証明されたことは、そうした成果の好例であろう。

北王国の没落が「ヤハウェ自身によって意図されたもの」として預言され、しかもそれが証明された以上、最終的にはエレミヤいらい、エルサレムの没落自身でさえも「ヤハウェの会議で決定された運命」と預言されるにいたって、この運命の開始は、「神の威信」について何も変更するものではなく、かえってそれを高めた。預言者たちのカリスマは歴史的な出来事によって確証され、その威信はいやが上にも疑いをはさむ余地などないものになっていった。そのばあい、すでに明らかにした「政治的－社会的な反対派」が預言者たちのカリスマ的権威を支持したことはいうまでもない。大王たちが失敗し、かれらの国が滅びるのは、かれらがヤハウェにではなく、かれら自身に勝利の栄誉をあたえるからである。預言者たちの解釈では、ヤハウェとならんで実在するいかなる悪霊もなく、ヤハウェにたいして独立し、敵対する悪霊といえども、個人とイスラエルに禍を送ることはない。ヤハウェだけが「世界の成りゆきのあらゆる個々の事柄」を決定したのである。ウェーバーは、「こうした一元論が全預言の最重要な前提であった」（G: S. 326）という。

預言者たちの神が生き、支配し、語り、行為するのは、「戦争という一つの容赦ない世界」においてであり、そうした状況のなかに預言者たちが立たされていると意識する時代は不幸である。しかし、すでに明らかにしたように、かれらの神はまったく人間的に「理解可能」であったし、そうあらざるをえなかった。なぜならこの神は、どうすればかれの恩恵をえることができるかを人が知りたいと願う「ひとりの支配者」だったからである。神の決定がこのように原理的に理解できることが、アジアの宗教にみられるような「世界の意味にかんするすべての問い」を排除した。ウェーバーが「神義論のいかなる問題も存在しなかった」というのも、こうした理由からである。

ヤハウェの怒りの原因は、人間たちの原罪の性質にあるのではない。その原因は、仲間相互と祖先のおこないに連帯して責任を負っている一つの団体としてのイスラエルとヤハウェとの「契約締結の動機」にだけある。だから、預言者たちにとっては「個々人の道徳的な資格の問題」はどうでもよい。かれらにとって第一に重要なのは、民族の能力ある代表者たち、つまり君主、祭司、預言者、長老、貴族たちの「神に逆らうような行為」が、ついで、そのほかのすべての民族仲間たちのそうした行為が「全体」にもたらしえたし、もたらさざるをえなかったもろもろの結果なのである。ウェーバーによると、ギリシアの諸密儀とオルフィック宗教が「個人の救済」と関係したのにたいし、イスラエルの預言は、「一つの全体としての民族の運命」にのみ関係した。「イスラエルの預言の政治的な志向性」は、ここから説明がつく。

ウェーバーは「宗教社会学（宗教的ゲマインシャフト関係の諸類型）」のなかで、ユダヤの宗教心のばあい、応報希望は何よりも「集団的なもの」（H: S. 284）であると書いている。すなわち、民族が全体として昇進を体験すべきであり、それによってのみ個人もまた各人の栄誉を回復できるわけである。ただし、「個人の神義論」が「ヨブ記」に展開されているのを見逃してはならない。ウェーバーは、「ヨブ記」では、「問題解決の断念と、被造物をこえた神の絶対的な主権への順応とのなかに、ピューリタニズムの予定思想の前奏が響いている」（*Loc. cit.*）とみているほどである。もしそこに、神による永遠の地獄の罰というパトスがつけ加わっていたならば、予定思想が成立していたにちがいなかったからである。

「ヨブ記」については、すでにプロテスタンティズムの倫理にかんする論文でも言及されている。そのなかでウェーバーは、正典のなかでは、「ヨブ記」がピューリタンたちに強い影響をあたえたとみている。なぜなら「ヨブ記」においては、つぎの二つが結びついているからである。一つは、カルヴィニズムの見解とおなじ性質の「人間の尺度をこえた神の絶対至高な尊厳への壮大な讃美」であり、もう一つは、神はその民をいつも「物質的な点でも」祝福するというピューリタニズムにとっては重要な「確信」(E: S. 180) である。それでも、社会学的にみるならば、ユダヤ教の救済論が集団的であるのにたいし、ピューリタニズムのそれが個人主義的であるところに、両者の決定的な違いがあることはいうまでもない。

北王国の崩壊いらい、南王国ユダは約束の担い手として登場し、期待される。しかし、「戦争への不安」は高まり、滅亡という禍は避けがたい。禍の原因にかんする問いにたいしては、答えは、はじめから決まっていた。つまり、それはヤハウェの意志のなしたまうとおりであった。このことはどんなに簡単におもわれようとも、自明ではなかった。それというのも、庶民の見解では、外国の神々はどうした理由からか、いまのところますます強力であり、ヤハウェは自分の民を助けようとはしていないと考えられたからである。それにたいして預言者の告知は、庶民の考えを乗りこえ、「ヤハウェ自身がその民に禍を故意にもたらすのだ」と説いた。ウェーバーは、こうした「故意のパラドックス」をすでにアモスのうちに見出す。そのさい決定的なことは、すでにふれたように、ヤハウェが「自然災害の神」であり、とりわけ「軍事的な禍」を敵に送ってイスラエルを救った奇蹟であった。しかしそれは、しばしばイスラエルにながいあいだ禍としての苦難に耐えさせたのちにはじめておこなわれるのである。ウェーバーは、「そのために、しかもそのためにのみ、預言者たちは政治家となった」(G: S. 315) と強調する。

預言される内容は「罪の状態と世界情勢」によってかわったとはいえ、預言にとっては、つぎの二つの表象だけが共有財産であった。一つは、「政治的災害と自然災害としての『ヤハウェの日』」が来るだろうという考えである。庶民の希望では、それは敵にとっては軍事的な禍の日であるが、イスラエルにとっては光の日とみなされた。それはまた、自国民にたいする、いずれにせよ、国民のなかの罪人にたいする禍の日でもあった。もう一つは、「救済があたえられるであろう『残りのもの』」という考えである。ウェーバーによると、こうした二つの表象はいっしょになって、禍は国民（あるいは罪人）に、救済は残りのものにという図式が生じるのだから、「禍から救済へのどんでん返し」（G: S. 339）か、それとも両者の結合かが、じつは図式の類型をなしていて、預言者の約束はたえずくり返しこの類型に向かっていく。

そのさいウェーバーが着目するのは、預言者たちの将来的な待望の「現実性」である。なぜなら、将来の待望はいまにも突然はじまるかもしれないといった現実味をおびていたからである。こうした現実的な性格こそ、預言の「実践的‐倫理的な意義にとって絶対的に決定的なこと」であった。終末論的な待望と希望は、周辺諸国のいたるところで民衆のあいだに広がっていた。しかし、それらの漠然としたあいまいさはほとんど「実践的態度」に手をつけずにおいたし、それらの期待は、何か直接的に現実的なもの、全生活態度において考慮されるべきものとしては作用しなかった。

ところがイスラエルでは、その「政治的構造と状況の結果」として、少なくとも長老たちのあいだでは、だれもが一〇〇年後になってさえも一つの禍の神託を知っていた。また、ある預言者が激しい威嚇をもってあらわれると、全住民が興奮状態に陥ったりもした。それというのも、預言された禍はまったく現実にかなっていたし、すべての人の実存をとらえたので、だれもがどうすれば禍を回避できるかと問わずにはいられなかったからである。ウェーバーは、「このような現実的な待望が容赦のない、公然たるデマゴギーのようなものによって主張され、しかも同時に、イスラエルとヤハウェとのベリースという古くから伝えられている表象と結びつけられたようなことは、ほかのどこにもない」（G: S. 341）と力説している。イスラエルの預言の迫力は、「現実的な待望」がすでに明らかにした意味解明の「熱烈な確信」から発する「異常な情緒のなかで」鼓吹されたところにあったのではなかろうか。

六　カリスマ的エートス

ウェーバーによると、ヤハウェの命令はまったく具体的かつ現実的で、純此岸的であった。「具体的な現世内的行為の現実的な諸問題」だけが浮上しえたし、回答を要求しえたにすぎない。現世の意味の認識ではなく、神の命令にしたがった行為が人間に役立つと考えられた。そのさいウェーバーからみて、一つの倫理がそれに固有の特質をうけとるのは「その倫理の諸命令の特殊性」によってではなく、「その倫理の背後にある中心的な宗教的信念（religiöse Gesinnung）」（G: S. 333）によってである。イスラエルの預言は、この「宗教的信念」、つまりエートスを刻印づけるにあたってきわめて強い影響をあたえたと解することができる。預言者にとって、「決定的な宗教的要求」とは何か。それは、六一三にもおよぶ個々の規定にしたがうことではなく、「信仰」そのものにほかならなかった。

信仰の要求は、ウェーバーの推察によると、まず預言者たちによって、とくにイザヤによって異常な力を込めて提出された。預言者たちが聞くのは「神の声」であり、神の声が預言者たち自身から、そしてかれらをとおして国民から要求するのは、「信仰」以外の何ものでもない。預言者というものは信仰をそれ自身のために要求せざるをえなかったのであり、この信仰は、かれに委託されたかれの神の告知にたいして向けられねばならなかった。したがって、ユダヤの預言者たちが要求した信仰は、ルターと宗教改革者たちがこの言葉で理解したような「内面的態度」ではなかった。ウェーバーからみれば、「その信仰とは、実際にはただ、ヤハウェにはおよそすべてが可能であり、かれの言葉は本気でいわれており、しかも外見上はどんなにおこりそうもないことであっても実現されるのだといった無条件的信頼（bedingungsloses Vertrauen）を意味したにすぎない」（G: S. 333）。しかしこうした確信は、預言者たちによって態度決定の根本事実にまでされている。「従順」、とくに「謙虚」は、そこから流れ出た徳である。両者、しかしとりわけ謙虚、つまり自己の業績とあらゆる自画自讃にたいする信頼をさけること、これをヤハウェは重くみた。ウェーバーは、この謙虚が「のちのユダヤ教の敬虔の発展にとって影響の大きな表象」であったと認めている。

このようにみてくると、預言者たちがつくり出したカリスマ的エートスの内実が明らかになってくる。まず何よりも、宗教倫理のレヴェルにおけるカリスマ的エートスは、ヤハウェにたいする「無条件的信頼」と「従順」、自己のおこないにたいする「謙虚」などに求めることができる。古代イスラエルのばあい、これらのエートスは比較的たやすく形成され、うけ入れられたようにおもわれる。それというのも、士師時代には「政治的神託」を下す預言者たちや「政治的－軍事的な諸決定」をおこなう軍事英雄たちのカリスマ的支配とともに、長老制が並存していたからである。カリスマ的支配がカリスマの保持者に絶対的にしたがう「帰依者」信念（Ta: p. 56）としてのエートスを育成していたであろうことは容易に推定できる。それにたいし、最年長者たちが神聖な伝統の精通者として支配をおこなう長老制は、伝統的支配に属するので、カリスマ的エートスとは無縁のようにおもわれるかもしれないが、けっしてそうではない。

たしかに長老たちは、ヤハウェ崇拝の強力な担い手たちであり、預言にたいする伝来の敬意の番人でもあった。しかしそれ以上に、長老制の支配構造そのものがつくり出した「仲間」信念（Ta: pp. 54–55）に注意を向けるべきである。なぜなら、この仲間信念は長老たちにたいする信頼に基礎をおくものだからである。そうであってみれば、長老制は、長老たちにたいする信頼をヤハウェに向けさせ、「無条件的信頼」などのカリスマ的エートスを受容させるのに潤滑油として機能したといえる。

カリスマ的エートスが非武装化によって債務奴隷化し、プロレタリア化した、しかも政治的権力の所有から締め出された「平民的な諸階層」のうちに醸成されたことは、改めて説明するまでもないであろう。また、「戦争への不安」という対外的な政治的状況が刺激剤となって、かれらをそうしたエートスの担い手にさせていったのもたしかであろう。それにしても、「敬虔」についていえば、ウェーバーはプロテスタンティズムの倫理にかんする論文で、「カルヴィニズムの固有な、しかもまさに禁欲的な根本的性格自身が、旧約聖書の敬虔から自己に同質な諸要素を選び出し、自己に同化させた」(E: S. 122) とみている。したがって、ユダヤ教がカルヴィニズムにあたえた影響には多大なものがあったといわざるをえない。

トーラー教師たちが「合理的な信念倫理」を発展させたことについては、すでにふれたとおりである。改めてこれをとり上げてみれば、ウェーバーは、神自身の命令は信念倫理的に純化され、「罪人によって贖罪のために用いられる犠牲とそれに類したおこないのなかにではなく、悔い改めの情のある信念 (bußfertige Gesinnung) そのもののなかにヤハウェにとっての決定的な満足があるという思想」(G: S. 232) が生み出されたとみている。トーラー教師たちは、そうした思想を根底にすえた「体系的、倫理的な決議論」の形成に貢献したのである。それにたいして預言者たちの霊感は、信念倫理の純化と集中化における「指導とスローガンの提供」に尽力した。すなわち、預言者たちは思想の生命をなす「悔い改めの情のある信念」をエートスとして血肉化させるのに寄与したわけである。そのばあい、とくにこのエートスをもつように要請されたのは、おもに政治的権力の所有者やギッボーリームたちであったであろう。したがって、預言者たちがつ「悔い改めの情のある信念」は、無条件的信頼へと導く前提となるものだからである。

くり出したカリスマ的エートスは、無条件的信頼などのエートスに加えて、そうしたエートスに向かってこれまでの誤った信念自体をかえようとする改心の信念であったと解することができる。

ところで、生活態度のレヴェルからカリスマ的エートスをみれば、どうなるであろうか。この点についてもウェーバーは、さきの将来的な待望の現実性が真にヤハウェ信仰を抱いた人びとの「生活態度」にたいして決定的であったととらえている。預言者たちに特徴的な「ユートピア主義的現世無関心」もここから説明がつく。かれらにとっては、現在のすべての事柄は完全にどうでもいい。終末がすぐまえに迫っているからである。初期キリスト教団においてと同様に、預言者たちとその支持者においても、こうした「終末の待望の現実性」が「すべての内面的態度」を刻印づけたのであり、かれらの告知が聴衆の上に威力をおよぼしえたのもそれのためであった。宗教のなかにもっとも深くその痕跡が刻み込まれ、しかも生活へのその力を基礎づけたもの、それは、まさに「非現実性」であった。これのみが生活に希望をあたえた。

生存しているすべてのものが終末論的な出来事をやがてみずから体験するだろうと期待せざるをえなかった時代には、すべての彼岸的な希望とあらゆる種類の現実的な神義論の放棄は、もっともたやすく耐えることができた。だからウェーバーは、「イスラエルが生み出したこれらの情熱的な人間たちは、たえず待ちわびる気分（eine Stimmung steten Harrens）で生活していた」（G: S. 342）という。禍の突然の襲来の直後に、救済を期待しえたからである。ここに示されているように、生活態度のレヴェルからみれば、「たえず待ちわびる気分」こそ、捕囚を目前にしたユダヤ人たちのうちに預言者たちがつくり出したカリスマ的エートスにほかならなかった。このエートスは、ヤハウェによって下された運命に順応しようとする態度であり、「完全に悲観的な、しかも従順以外の何ものでもない態度」（G: S. 344）であった。

宗教倫理と生活態度のレヴェルにおけるカリスマ的エートスは、つぎのような確信によって根底から補強されていたようにおもえてならない。その確信というのは、「とてつもないヤハウェの行為それ自身によってまもなくもたらされる強力な変革」（G: S. 347）への信念である。「無条件的信頼」や「悔い改めの情のある信念」、「たえず待ちわびる気分」などのエートスも、預言者たちのカリスマによって形成された「変革」の信念、つまり神に導かれた将来の政治的、社会的な革命というエートスに裏打ちされてはじめて、「行為への実践的起動力」となりえたはずである。『経済と社会』第一部の「支配の諸類型」でいわれているように、カリスマは「偉大な革命的力そのもの」にほかならない。「カリスマは内面からの改造でありうる」のであって、その改造は、「中心的な信念の方向と行為の方向の変更」（H: S. 142）を生み出す。だからカリスマ的エートスは、歴史をかえるエネルギーとなりうる。

そうだとしても、預言者たちにとっては、変革こそ主要なことであり、それにさいしては、結局のところ、人間の行為はどうでもよいのである。「絶対的な奇蹟」があらゆる預言者の待望の要点であった。神の絶対的な奇蹟による変革のエートスが形成される上で決定的な要因となっていたのは、すでにみた国内の政治的、軍事的な支配構造の変化、とりわけその帰結である非武装化であり、戦争と捕囚の恐怖をもたらした対外的な政治的状況であった。こうした二つの政治社会学的な要因が同時に作用していなかったならば、変革のエートスが「平民的な諸階層」のなかに浸透し、根づくこともありえなかったであろう。しかし、誤解してはならない。変革のエートスといっても、それは、「高度に強力な此岸的諸革命が期待できるということ」にすぎず、ヤハウェによって下された「政治的運命」にひたすら従順にしたがうだけのきわめて消極的なエートスであった。そのエートスは、担い手たちを過激な革命的行為へとつき動かすような実践的起動力ではありえなかった。

それでもウェーバーの目からみれば、預言者たちの「強力な威信」がなかったならば、ヤハウェはエルサレムを破壊もすれば再建もする「世界神」であるという「着想」、つまりいかなる純大衆的な解釈や純祭式司祭的な解釈からも遠く隔たっているこうした思想の「権威」（G: S. 349）が貫徹されるようなことは考えられない。また、預言者の禍の言葉が実証されるといった、震えあがるような経験がなかったならば、国民の信仰が恐るべき「政治的運命」によって破壊されなかっただけでなく、戦争と捕囚という「前代未聞の歴史のパラドックス」において、はじめて決定的に固定されたというようなこともまったく考えられない。このようにとらえてウェーバーは、エルサレム崩壊後の「政治的団体から信仰上の団体へ」というイスラエルの内的な発展のただなかに立って、つぎのように結論づける。「復讐欲と希望は信者たちのあらゆる行為の自然な原動力であったが、こうした情熱的な待望が満たされるのをやがて自分で体験できるという希望をすべての人びとにあたえた預言だけが、ここでは、政治的に破壊されたゲマインシャフトに宗教的な団結力をあたえることができた。」（G: S. 350）イスラエルの預言者たちの歴史的意義は、ここにはっきりと示されている。

預言者たちの歴史的意義は、かれらの理念によってつくり出された「世界像」がエートスの次元からその力を発揮することによって、「転轍手」として歴史の軌道を決定し、イスラエルの人びとの行為をパーリア民族状況へと向かわせていったところにあった。ヤハウェはエルサレムを破壊もすれば再建もする「世界神」であるという信念を抱かせながら。なぜウェーバーが「古代ユダヤ教」を書き上げたあとで、はじめに引用した有名な文章を「序論」のなかに挿入したかは、もはや明らかではないだろうか。

ウェーバーはたしかに、預言者たちがつくり出したカリスマ的エートスに言及しているわけではない。しかし、カリスマ的エートスが古代イスラエルの人びとに共有され、かれらのなかで作動していたと仮定しないかぎり、政治的に破壊されたゲマインシャフトが「宗教的な団結力」をもつこともなかっただろうし、「信仰のゲマインシャフト」

に属する人びとが「自由意志で（freiwillig）」（G: S. 378）パーリア状況へおもむくようなこともありえなかったであろう。もしそうであれば、ウェーバーが預言の意義、とりわけ「預言の約束」の意義だけを強調しているのは、やや片手落ちといえなくもない。

「ユダヤ人がパーリア民族になった」というかれのテーゼについては、さまざまな批判が提示されている。そうした批判のなかで、もっとも手厳しいのは、イスラエルの社会学者シュムエル・N・アイゼンシュタットの見解であろう。かれの一九八一年の論文「マックス・ウェーバーの古代ユダヤ教とユダヤ文明の特質」によると、まず第一に、ウェーバーのパーリア民族にかんする記述は、その時代の多くの国民と宗教にあてはまる。それどころかある意味で、パーリア状況は古代の大帝国においては通例であった。第二に、マイノリティ状況はユダヤ人の隣人とユダヤ人の関係をけっして決定的には規定しなかった。最後に、ほかのマイノリティとは異なって、ユダヤ人は自分たち自身の国家制度にたいする要求をけっして断念しなかったし、かれらの宗教の普遍的な妥当性にたいするかれらの主張からもけっして離れなかった。

こうしてアイゼンシュタットは、つぎのように批判する。「それゆえウェーバーが、ユダヤ人たちは第二神殿の時期のあいだに政治的団体から信仰上の団体へかわったと主張するばあい、またかれがこれとの関連でときどき宗教的ゲマインシャフトについて語るばあい、それはウェーバーのまったく重大な誤りである。」（X: S. 171）なぜなら、アイゼンシュタットからすれば、ユダヤ人はたえず自分たちを一つの「政治的ゲマインシャフト」とみなしてきたし、しかも神との契約の結果である一つのゲマインシャフトとみなしてきたからである。離散民のもっとも暗い時代のなかでも、ユダヤ人は一度もこうした考えを捨てなかった。アイゼンシュタット自身がユダヤ人なので、たしかに、かれがいうとおりなのだろう。そうだとしても、ウェーバーが「宗教的ゲマインシャフト」について語るばあい、かれは、「現実的、政治的な全権」がだれの手中にあったのか、そもそも「教団の固有な統治権」が存在していたのかを基準（G: S. 373f.）としているのだから、アイゼンシュタットの批判の一部はあたらない。

なるほど、「第二神殿の時期のあいだに政治的団体から信仰上の団体へ」移行したとみるウェーバーの立場は、批判されてもやむをえないところがある。なぜなら、第二神殿の時期をどうとらえるかにもよるけれども、ユダヤ人が最終的に離散民となったのは、ローマのハドリアヌス帝治下の西暦一三五年以降だからである。それ以前は、バビロン捕囚自体が一回だけの出来事ではなく、紀元前五九七年の第一回から五八二年の第三回にまでおよぶものだったし、ウェーバー自身も認めているように、ペルシア王キュロス二世のもとで五三八年には実際に「捕囚からの帰還はおこった」（G: S. 394）。帰還したユダヤ人が第二神殿工事を完成させたのは、紀元前五一五年。しかし、それからのイスラエルは、ペルシア、ギリシア、エジプト、シリアなど、大国に木の葉のように翻弄されつづけた。紀元前一六四年にマカビのイェフダ（マッカバイオス）がエルサレムを奪回したが、一六〇年にはシリアの支配下に。一四〇年には数百年ぶりにハスモン王朝が築かれ独立したものの、紀元前六三年にはローマの属州となってしまう。その後イスラエルは、第一次ユダヤ戦争（西暦六六―七〇）と第二次ユダヤ戦争（西暦一三二―一三五）でローマ軍によって徹底的に破壊され、ユダヤ人は離散民となっていった。

こうした経緯をみると、政治的団体から信仰上の団体への移行が第二神殿の時代のあいだに、ウェーバーが粗雑に叙述しているほど純粋に実現されたとはおもえない。この点については、シュルフターもさきの論文で、「ウェーバーが捕囚後の古代ユダヤ民族について大まかな筆致で描いているような表象が、明らかな構造的異質性と文化的多様性に直面して、とくに第二神殿の時代のあいだに堅持されうるかどうかはもちろん疑わしい」（Ca: S. 51）と述べている。預言者たちの理念によってつくり出された「世界像」は、屈従と独立、失望と希望をもたらす混乱に満ちた古代社会の勢力地図のなで、イスラエルの人びとを政治的団体から信仰上の団体へと通じる軌道の方向へゆっくりと導いていったにちがいない。しかしそれでも、ここで明らかにしたようなカリスマ的エートスを想定しないかぎり、預言者たちの理念によってつくり上げられた「世界像」は、バビロン捕囚の状況のなかで転轍の作用を発揮しえなかったはずである。

七　経済倫理の二元論

宗教倫理と生活態度のレヴェルにおけるエートスを明らかにしてきたいま、視点をかえて、経済倫理のレヴェルからユダヤ教のエートスをみれば、どのようにとらえられるであろうか。それは、プロテスタンティズムの倫理にかんする論文のなかで強調されているように、「パーリア資本主義」のエートス（E: S. 181）であった。ちなみに、この言葉を含む文章も、すでにふれた改定作業のときに挿入されたものである。では、そのエートスの内実とは何か。その点を明らかにしてみよう。

それを究明するまえに、ウェーバーは「宗教社会学（宗教的ゲマインシャフト関係の諸類型）」のなかで、ユダヤ民族の経済史上の意義についてふれているので、これをとり上げておきたい。そのばあい、かれが念頭においているのは、捕囚後の、とりわけタルムード（教訓：口伝律法とその注解）の形態におけるユダヤ教である。かれは、中世および近代のユダヤ民族に「特殊な経済上の業績は何か」と問う。その答えは、つぎのとおりである。質屋営業から諸大国への融資にまでおよぶ貸付、小売商と行商と特殊農村的な「物産取引」を出現させた特定種類の商品取引、一定部門の卸売業およびとりわけ有価証券取引業、とくに取引所における商取引の形態での両者、両替と通常これに関連している現金振替業務、もろもろの国家調達、戦費融資と植民地設立融資、租税徴収請負、あらゆる種類の信用および銀行業務と公債発行融資などである。

しかしウェーバーは、完全にとはいえないまでも、きわめて著しい程度において、このようなユダヤ人の幅広い経済活動のリストには、一つの部門、しかも近代資本主義にまさに固有な部門が欠けていると指摘する。つまり、「家内工業、マニファクチャー、工場における工業的労働の組織」である。換言すれば、「ユダヤ人たちは、近代資本主義に特殊に新たなもの、つまり労働の、とりわけ産業的『経営』における工業的労働の合理的組織には、(相対的にみて)ほぼ完全に姿をみせない」(H: S. 351)わけである。この点、かれは『経済と社会』第三部の「支配の諸類型」のなかで、近代資本主義に特徴的なのは「工業の資本主義的組織」であって、「この組織の発展においては、ユダヤ人たちに決定的な影響力を帰することはできない」(H: S. 812)と断言している。

このようにとらえるウェーバーは、すべての原生的な商人階級、古代、東アジア、インド、中世の商人階級に、しかも小売商人階層から巨額出資者階層にまで目を向ける。そしてかれは、これらの人びとに典型的であったし、いまも典型的であるような「経済信念」、つまりあらゆる利益のチャンスを容赦なく利用しつくす意志と知恵、これならば、ユダヤ人にも特有であると認める。しかし、そのような経済信念は、ほかの資本主義的な時期に比べて、「近代の資本主義」に固有であるものからははるかにかけ離れている。たしかにウェーバーは『経済史』のなかで、「ユダヤ教は、それがキリスト教にその呪術憎悪を遺産として残した点では、近代的、合理的な資本主義にたいしても決定的な意義をもっている」(K: S. 307)と評価している。それにもかかわらず、ユダヤ教の経済史上の意義は否定的であって、「近代の経済体制に特殊に新たなものも、近代の経済信念について特殊に新たなものも、ともに特殊ユダヤ的ではない」（H: S. 351）とみなされている。

そうしたことの究極的、原理的な理由は、ユダヤ民族とその宗教心に独特な「パーリア民族の性格」に関連している。まず第一に、工業的労働の組織への参加が純粋に外面的に困難であること。つまり、ユダヤ人の法的に、しかも実際に不安定な状況があり、それが、商業とりわけ金融業ならよいが、固定資本による合理的、工業的な持続経営に従事するのをむずかしくしている。ついで、内面的、倫理的な状況があげられる。これについてウェーバーは、「ユダヤ民族はパーリア民族として、あらゆるゲマインシャフトの経済取引に原生的である二重道徳（doppelte Moral）をまもった」（H: S. 351）という。二重道徳とは、兄弟たちのあいだで忌避されることが「外国人」にたいしては許されるというものである。すなわち、律法は「利子」をユダヤ人については禁じていたが、「外国人」にたいしては許していたわけである。ヤハウェの約束によってつくり出されたパーリア的地位とそこから生じる外国人側からのたえざる侮蔑。これらにたいし、一民族が、しかもすでにみたように、古代において外国人が「敵」としてかれらに対抗していたユダヤ人が反応しえた唯一のやり方は、外国人取引におけるかれらの「営業道徳」をユダヤ人仲間にたいするばあいとはたえず別のものにしておく以外にはなかった。

一方、ウェーバーによれば、ユダヤ教は「体系的禁欲」の欠如によってピューリタニズムから区別される。ユダヤ教の律法の実行は、儀式規範とタブー規範の実行が禁欲でないのと同様に、禁欲ではない。さらに、教会的な「アンシュタルト恩寵」が未発達であった結果として、自己責任性と仲介者の欠如とは、ユダヤ教徒の生活態度を平均的なカトリック教徒のそれよりも、事実上、本質的に「いっそう自己規制的、体系的なもの」にせざるをえなかった。しかしそのばあいでも、特殊ピューリタン的な禁欲的動機の欠如とユダヤ人の「対内道徳の原理的に打破しがたい伝統主義」とが、生活態度の方法化に限界をもうけた。禁欲者風に作用する数多くの個別的な動機はみられるものの、

「禁欲的な根本動機という宗教の統一的な紐帯」がまさに欠けている。その理由をかれは、ユダヤ教の敬虔がもつ最高の形態が「気分」の面にあって、「積極的行為」の面にはないところに求める。

ウェーバーが「古代ユダヤ教」のなかで、ユダヤ教の経済倫理にかんして重視しているのも、「二重道徳」にほかならない。それは、「対内道徳と対外道徳の二元論」(G: S. 357) と強調して表現されている。かれによると、イスラエル人が捕囚によって「現実の領土的基礎」を失ったときに、「政治上の領土的基礎の理想的価値」が儀礼的に固定化された。そして、預言者の約束にもとづくゲマインシャフトの「純粋に宗教的な」性質の結果として、「信仰上の遮断」が政治的遮断にとって代わり、しかも本質的に激しくなった。外国人との「共同の犠牲の食事」や「通婚」が禁止されるとともに、この二元論はいまや、ヤハウェ教団のために「悲壮な下部構造」を支えるにいたった。したがってかれは、ユダヤ人が二元論を固持するようになったのは捕囚以後に生じたパーリア民族状況と基本的に関係しているとみている。

しかしウェーバーの洞察によると、そもそも二元論は、経済的な領域では、「暴利禁止」のなかに、ついでカリタス(慈善)の訓戒における社会的な保護規定と友愛規定のなかにもっとも顕著に、しかももっとも鮮明に根をおろしていた。それというのも、暴利禁止はもともと「貧しい」、「零落した」兄弟からの収奪だけを退けていたにすぎず、完全イスラエル人だけに適用されたにすぎなかったのだから。「申命記」は信仰上の外国人にたいする暴利をはっきりと許可している。けれども、それも、もとはといえば、「ゲール」(ger)、つまり寄留者にたいするものであった。しかしウェーバーは、「申命記」第二三章の第二〇節がそのように読みとれるとして、つぎのように解する。すなわち、イスラエル人が「かれらの兄弟から暴利をむさぼるのでないならば」、ヤハウェは、この暴利をもイスラエル人のほかのすべての企てと同様に成功によって祝福すると。

ちなみに、第二〇節についてはいつも疑問におもっていたけれども、エッカルト・オットーは、「マックス・ウェーバーはここでは、ルター訳による節の数え方にしたがっている」（N: S. 700）と指摘している。その上でオットーは、第二三章第二一節と注で補足している（日本聖書協会による一九九四年の新共同訳『聖書』では第二一節であるが、一九八六年の一九五五年改訳版ではウェーバーのいうように第二〇節となっている）。

それはともかくとして、ウェーバーは、そうした「経済的な対内倫理と対外倫理の区別」が経済的なふるまいの宗教的な評価にとって、永続的に意義をもちつづけたとみる。その上でかれは、つぎのように強調しながら述べている。「ピューリタニズムにおけるような意味で、形式的な合法性の地盤に立った合理的な営利経済が宗教的に積極的に評価されることはけっしてありえなかったし、しかもそうしたことは事実としてもおこらなかった。経済倫理の二元論がそれを妨げたのであって、この二元論は、信仰上の兄弟にたいして厳しく禁止されたような種類の行動を、非兄弟にたいしては道徳的にどうでもよいこと（Adiaphora）と認印をおした。これが決定的であった。」（G: S. 358）ややながい引用が示しているとおり、合理的な営利経済が「宗教的に」評価されるのを妨げたのは、「経済倫理の二元論」であったとみなされている。おそらく、すでに察知されているように、同胞のユダヤ人からは「利子」をとってはならないが、外国人にたいしては道徳的にどうでもよいこととして暴利をむさぼってもよいというこの対内道徳と対外道徳の二元論こそ、経済倫理のレヴェルにおけるエートスであり、「パーリア資本主義」のエートスの内実にほかならないのである。

ユダヤ教のばあい、もしも神がかれの民を経済的な成功によって祝福するとすれば、それは、かれらの宗教的な救いのたしかさの、「経済上の『確証』」のためではなく、敬虔なユダヤ人が経済的な営利活動の「外部で」神のみ心にかなうように生活したからである。ユダヤ人のばあい、生活態度において敬虔を確証する領域は、「現世」、とくに経済の合理的な克服以外のまったくほかの領域にある。したがって実践的には、この二元論には、ピューリタニズムに固有の、「合理的な『現世内的禁欲』による宗教的な『確証』という例の特殊な思想」が欠落していたのである。この思想は、ある種のカテゴリーの人びと、たとえば外国人にたいしてのみ「許されるべきもの」であるといったような考えにもとづくことはできなかった。禁欲的プロテスタンティズムのような宗教的「職業」観念は、ユダヤ教の経済倫理の二元論にははじめから欠けていた。

経済倫理の領域では、一七世紀と一八世紀のキリスト教諸宗派、とりわけ洗礼派とクエーカーの信徒たちの声明のなかに、つぎのような自負がみられるとウェーバーは指摘する。すなわち、かれらはまさに神なきものとの経済的な取引のなかに、ごまかし、詐欺、信頼できないことの代わりに、合法性、正直、適正を広めたこと、かれらは固定価格の制度を実施したこと、かれらの顧客が子供だけで買いものによこしたときでさえ、たえず公正な価格で信頼できる商品をわたしたことなどである。これをふまえて、『宗教社会学論集』第三巻にもみられるように(G: S. 359)、ウェーバーは『社会科学・社会政策雑誌』第四六巻第三号の五六四ページで、つぎのように強調した。「要するに、かれらの優れた、宗教的に制約された経済エートスが『正直は最善の策』という原則にしたがって、神なきものとの競争についてかれらに優越性をえさせた。」最初に述べたように、ウェーバーがこの雑誌で「経済信念」にかえて「経済エートス」という言葉を用いたのは、これがはじめてなのである。これをきっかけにして、例の改定作業のなかでプロテスタンティズムの倫理にかんする論文や「儒教と道教」など、『宗教社会学論集』第一巻のなかにエートスという言葉が数多く書き込まれていった。

すでに明らかにしたように、ユダヤ教は「一つの恐るべき神」という思想、「呪術的手段」の拒否、個人の神義論を歌いあげた「ヨブ記」、敬虔などをとおして、ピューリタニズムに決定的な影響をおよぼした。しかし、経済倫理にかんしては、ユダヤ教はピューリタニズムの「経済エートス」に影響をあたえるどころか、はじめからまったく異質なものであった。これに関連して、シュルフターは、つぎのような注目すべき見解を示している。ウェーバーが、ユダヤ教は呪術憎悪と合理的な宗教倫理にもかかわらず、「近代的、西洋的な経済エートスの『分娩』」(Ca: S. 19) に貢献できなかったと主張するばあい、かれは「観念的な根拠と制度的な根拠」(Ca: S. 52) をもっていた。このうち、「制度的な根拠」については、ウェーバーが「西洋の発展へのユダヤ人の現実的な関与は客人民族性格にきわめて本質的にもとづいていた」(G: S. 360) と述べている点から説明がつく。すなわち、シュルフターの卓見が示しているように、社会学的にみれば、「二重道徳」のテーゼではなく、「周辺の地位」のテーゼ、つまり禁欲的プロテスタンティズムのような異端の地位ではなく、パーリア民族というマージナルな地位におかれていたことが、「近代的、西洋的な経済エートス」の創出を阻止したわけである。

ウェーバーからすれば、もちろん、「仲間でないもの」にたいするほかならぬ族長の倫理が「だれをだまそうか」という原則の、きわめて厚かましい混入物を含んでいたことが、影響をあたえずにはおかなかった。加えて、経済的な対外諸関係の「倫理的な合理化」へ向かういかなる救済論的な動機、つまりそれへと向かういかなる宗教的なプレミアムも欠けていた。こうしたことが、ユダヤ人の経済的活動の様式に広範な帰結をもたらした。だからかれは、つぎのようにいう。「古代いらい、ユダヤ人のパーリア資本主義は、たとえばヒンドゥー教の商人カーストのそれと同様に、――純粋な貨幣高利貸と商取引とならんで――ピューリタニズムに忌み嫌われた国家資本主義と略奪資本主義の諸形式にまさに精通していた。」(G: S. 360) これをみれば、「古代ユダヤ教」が仕上げられたあとで、ユダヤ教のエートスは「パーリア資本主義」のそれであったという言葉を含む文章が、改定作業においてプロテスタンティズムの倫理にかんする論文のなかに挿入された経緯もわかるはずである。たしかに「古代ユダヤ教」には、古代イスラエルでおこった「世界像」の歴史的な転轍作用にたいするウェーバーのロマンティシズムが波打っている。それにもかかわらず、かれにとって「古代ユダヤ教」が一連の実質的な宗教社会学的研究をエートス論として展開させる上で重要な位置を占めていたことにかわりはない。

最初にふれたように、イスラエルは一九四八年に建国をなしとげた。ユダヤ人たちは、ナチスによる大虐殺・ホロコーストという歴史的な悲劇を乗りこえ、ながいあいだのパーリア状況から脱するのに成功した。ウェーバーはその事実を知ることなく亡くなった。だから、かれが「古代ユダヤ教」で展開した分析は、パーリア状況下までのユダヤ教とユダヤ人たちについては妥当しても、建国後についてはあてはまるどころか、射程外にほかならない。かれは当時、エルサレムの雅名シオンに帰れという運動をやや悲観的にみていた（G: S. 56., H: S. 269, S. 353., N: S. 73ff., S. 309）ようである。それでも、もしもかりに、ウェーバーが建国の事実を知ったとしたら、何というだろうか。「世界の成りゆきにたいする唯一の決定的な神」ヤハウェ。かつて預言者たちの理念によってつくり出されたこの「世界像」が、ながい歴史のときをこえて、ふたたびユダヤ人たちを覚醒させながら転轍作用を発揮したのだ。いやそうではない。ユダヤ人たちの忍耐強いシオニズム運動とイギリス主導の国際政治の力学が、イスラエルの建国を実現させたのだ。かれの答えはどちらか一方なのだろうか、それとも両方なのだろうか。

第四章　官職カリスマと宗派のエートス

――西洋のエートス形成――

一　未完の計画

一九八〇年代に入って、マックス・ウェーバーの生国ドイツで、新たな事実が明らかにされた。一九一九年一〇月二五日に発行された出版社の『ニュース』（情報宣伝誌）で、ウェーバー自身が『社会科学・社会政策雑誌』に発表してきた宗教社会学関連の論文を四巻本に集成する計画を告知していたのである。ヴォルフガング・シュルフターによれば、それはちょうど、かれが『経済と社会』の第一分冊と『宗教社会学論集』の第一巻を印刷にまわすために準備していたときであった（Ia: S. 579f.）。

その計画によると、先頭にはまず、プロテスタンティズムの倫理にかんする論文が位置し、ついで、プロテスタンティズムの諸宗派にかんする論文がつづく。「世界諸宗教の経済倫理」にかんする諸論文は、エジプト、メソポタミア、ツァラトゥストラの宗教倫理を概観し、古代および中世におけるヨーロッパの市民階級の発展を素描したりすることによってふやす。ユダヤ教の叙述は、マカベア時代のはじめまでおよぶ。そして第三巻には、原始キリスト教

(Urchristentum)、タルムードのユダヤ教、イスラーム教(Islam)、東洋のキリスト教にかんする叙述がおさめられ、最後の巻では、西洋のキリスト教(Christentum des Okzidents)が論じられる。これが、告知された計画の内容(Ia: S. 579)である。

また、この計画が明らかにされたのとならんで、『宗教社会学論集』に収録されている各論文の成立と発表の時期も確定された。さらに、『経済と社会』第二部第四章の「宗教社会学(宗教的ゲマインシャフト関係の諸類型)」が一九一一年ころから準備され、一九一三年中には「補って完全に」されていたこともわかった(Ea: S. 356)。ドイツにおけるこうした動きは、『マックス・ウェーバー全集』の刊行事業と呼応しているとみてよいだろう。

ウェーバーは「古代ユダヤ教」の冒頭で、つぎのように強調している。ユダヤ教には、「一つの高度に合理的な、すなわち呪術とあらゆる形態の非合理的な救済探求から自由な現世内的行為の宗教倫理」が存在していた。かれによると、「この倫理は、広くなお今日のヨーロッパおよび近東の宗教倫理の基礎となっている」(G: S. 6)。そうだとすれば、西洋のエートスをとらえようとするばあい、まず第一に、ユダヤ教からキリスト教がどのようにして生み出されたのか、その経緯が明らかにされなくてはならない。そのさい、西洋のエートスの源流となったイエスによるエートス革命の本質を究明する必要がある。しかし、近代西洋のエートス、とりわけ「特殊近代西洋の資本主義」に固有なエートスの生成をさぐろうとするならば、ユダヤ教とピューリタニズムの関係に加えて、第二に、キリスト教が中世においていかに発展し、それとの関連で、どのようにしてプロテスタンティズムの「現世内的禁欲」が分娩されたのかが考察されなくてはならない。この問題は、ウェーバーが一九〇四‐一九〇五年に発表したプロテスタンティズムの倫理にかんする論文の最後のパラグラフで定式化していた課題、つまり「現世内的禁欲の中世における萌芽からの、禁欲的合理主義の歴史的な生成」(B: S. 109, E: S. 205)を解き明かすことを意味する。

もしも、ウェーバーが一九一九年の計画どおりに宗教社会学的研究を完成させていたとするならば、第一の問題は、原始キリスト教を論じたさいにとり上げられていただろうし、第二の問題は、第四巻で西洋のキリスト教を扱ったさいに追究されていたはずである。残念ながら、一九二〇年のかれの死が計画の実現を妨げてしまった。その点、シュルフター編によるつぎの二冊の本は、ウェーバーの未完の計画を批判的に補足し、完遂させようとした労作として高く評価されよう。つまり一つは、一九八五年の『マックス・ウェーバーの古代キリスト教観』であり、もう一つは、一九八八年の『マックス・ウェーバーの西洋のキリスト教観』である。ちなみに、いずれにも「解釈と批判」という副題がついている。

ここでは、これらの文献にも配慮しながら、ウェーバーの「古代ユダヤ教」に「付録」としておさめられている遺稿「パリサイびと」、『経済と社会』第二部の「支配の諸類型」や「宗教社会学（宗教的ゲマインシャフト関係の諸類型）」などに目を向けるであろう。それというのも、「パリサイびと」では、キリスト教が生まれてきた経緯が分析されているし、後二者の研究においては、きわめて断片的であるとはいえ、かれ自身が定式化していた課題にたいする答えとおもわれるような叙述が散在しているからである。したがって、これらの残された論考のうち、史実にもとづく社会学的な分析を手掛りにして、ウェーバーにおける西洋のキリスト教観を明らかにしてみたいとおもう。以下の試みは、かれのキリスト教観を西洋におけるエートスの形成過程という視点から再構成しようとする作業にほかならない。

二　ユダヤ教とイエス

シュルフターは「マックス・ウェーバーの古代キリスト教分析：未完の計画の諸特徴」と題する論文で、ウェーバーの「古代ユダヤ教」にふれながらつぎのようにいう。「古代ユダヤ教にかんする研究のなかで、原始キリスト教は、その研究がそれへと向かって走っていく消尽点の一つとしての役割を果たしている。」(Ga: S.11) なぜならウェーバーは、タルムードのユダヤ教と古代キリスト教がいかにして分かれたのか、ユダヤ教内部の改善運動としての「洗礼者運動とイエス運動」から、いかにしてユダヤ教とは区別される一つの「文化宗教」が生じたのかについても示そうとしているからである。もちろんこのテーマは、「パリサイびと」において集中的に論じられている。しかし、ウェーバーが「古代ユダヤ教」の随所で初期キリスト教への影響についてふれているのも事実である。そこで、「古代ユダヤ教」を糸口として、ユダヤ教がキリスト教にあたえた影響を明らかにすることからはじめよう。

　ユダヤ教がキリスト教にあたえた影響のうち、ウェーバーがとりわけ重視しているのは、バビロニアの検閲を考慮して書かれた第二イザヤ（「イザヤ書」第四〇―五五章）である。なぜなら、そこには注目すべき「苦難の神義論」が展開されているからである。第二イザヤの基調は、宇宙論的ないし神統記的な理由から死んでいく、神あるいは神の子がヤハウェ主義の本質と一致しつつ、「罪の犠牲として自分自身を捧げる神のしもべ」となっているところに求められる。そのさい、神のしもべの罪なき殉教の死は、ヤハウェにとっては約束の履行を可能にする「手段」なのだから、第二イザヤの「苦難の神義論」には、既存のユダヤ教からすれば実際に異質なものがあったといえる。第二イザヤの全体の意味は、「パーリア民族状況の、しかもそのなかでの忍耐強い辛抱の美化」にある。そうした忍耐強い辛抱によって、イスラエル民族とその原型である神のしもべとは、世界に救済をもたらすものとなる。したがって、神のしもべが「個人的な救世主」と考えられるとすれば、それは、かれが捕囚の民のパーリア状況を自由意志によって自分に引きうけ、苦難を嘆かず、耐え忍ぶことによってのみ、まさに救世主でありえたはずである。

だからウェーバーは、「『悪には暴力でもって抵抗してはならない』というユートピア的な福音書の説教がもっているあらゆる要素は、ここに存在している」とみる。そしてかれは、「特殊悲惨主義的な無抵抗の倫理は山上の垂訓のなかに再生したし、罪なくして拷問される神のしもべの犠牲の死にかんする考えはキリスト論を分娩するのを助けた」（G: S. 392）と断言する。またかれは、「わが神、わが神、どうしてわたしをお見捨てになったのですか」（「マタイによる福音書」第二七章の第四六節）というイエスの十字架上の最後の言葉が「詩篇」第二二章の最初にあると述べ、その詩篇がはじめから終わりまで「第二イザヤの悲惨主義と神のしもべの預言」を加工したものだとも指摘している。ウェーバーによれば、耐え忍び、待ちわびるパーリア状況のパトスとユダヤ人が世界をとおりぬけていくそのよそよそしい眼は、第二イザヤにもっとも強い内面的な支柱をもった。そしてついには、「この捕囚期の産物は、生成しつつあるキリスト信仰のなかにもっとも強い酵素として影響をおよぼした」（G: S. 395）。このようにいうウェーバーは、第二イザヤの「苦難の神義論」のなかに初期キリスト教へと接続していく内在的な発展契機を洞察していたといってよい。

初期キリスト教、とりわけ原始キリスト教については、どうであろうか。ウェーバーによると、捕囚後の後期の預言者ヨエルのばあい、霊についての考えも本質的に別の形態をとる。ヤハウェの名をよぶものだけが救われるであろう「ヤハウェの日」をまえに、すべての教団構成員の上に浴びせられ、長老たちに夢を、若者たちに幻をよびおこさせ、子供たちに預言させるのは、「古いエクスターゼ的、情緒的な預言者の霊」なのである。ヨエルにおいては、このように終末の希望が「預言者の賜物の普遍主義の再臨」、つまり預言者の賜物がだれにでも普遍的に再臨しうるといった状況と結びついているのである。「この考えはキリスト教の発展にとって重要となった」とウェーバーは解する。「使徒行伝」第二章の第一六節以下にある精霊降臨の奇蹟は、「ヨエル書」のこの個所を引用して報告されている。

　こうしてウェーバーは、キリスト教の伝道がこの奇蹟を非常に重視したとみて、つぎのように述べた。「捕囚前の預言とは著しく異なって、キリスト教の教団にとって特徴的となっていた、エクスターゼ的な大衆現象としての『霊』は、原始キリスト教の敬虔にとっては、ユダヤ教の預言者の文献のなかでは、この個所によって、しかもこの個所によってのみ正当化された。」(G: S. 397) ここから明らかなように、ウェーバーからすれば、原始キリスト教に特徴的であった「エクスターゼ的な大衆現象としての『霊』」は、ユダヤ教の「ヨエル書」によってあらかじめ「正当化」されていたわけである。

　ところで、遺稿「パリサイびと」は、ユダヤがマカベア家の主導で一時的に独立したハスモン朝時代（紀元前一四二―六三）からヘロデ王のユダヤ王国の時代（三七―四）をへて、ハドリアヌス帝治下でユダヤ人が決定的に離散民となったころまでを射程にすえている。この時期は、ユダヤ教に最終的な性格を刻印づけた「パリサイ主義」が発展し、タルムードのユダヤ教が確立したときであった。しかしそれと同時に、タルムードのユダヤ教の胎内からイエスとパウロによってキリスト教が緊張と対立のなかで生み出されてくるときでもあった。

「宗教社会学（宗教的ゲマインシャフト関係の諸類型）」によれば、イエスの出現は、メシア（救世主）への期待がもっとも強烈な時期にあたっており、「呪術的カリスマ」がかれの独特の自負の支えとなっている。そしてキリストの福音は、非知識人たち、「心の貧しい人びと」だけにたいする「ひとりの非知識人の告知」(H: S. 361) として成立した。このようにみるウェーバーは、「パリサイびと」のなかで、イエスを二重の関係、つまり二つの集団との緊張関係においてとらえる。一方はパリサイびとであり、他方は律法学者としての「ラビたち」である。

のちに異端とされたサドカイ派は、一字一句の文字に、たとえば「目には目を」というタリオーン（同害刑）の文字どおりの実行にこだわった。それにたいしてパリサイ派は、諸規定の「理性」に向かい、その重点からみれば、「市民的‐都市的な性格」をもっていた。パリサイびとにおいては、「生活の『神聖さ』」が要求され、純粋に神のために神の命令がまもられなければならない。とりわけ重要なのは、「割礼と安息日の休養」が異邦人たちと「えせユダヤ人たち」から敬虔なものを区別する「絶対的に中心的な命令」（G: S. 406）とみなされた点である。儀礼的な清潔を説くパリサイびとが強力に推進したのは、「兄弟団運動」である。兄弟団は、三人の仲間のまえで「もっとも厳格なレビ的清潔」の義務を負ったものだけが、つまり司祭のような清い生き方をするものだけがうけ入れられる「一つの教団」である。ユダヤ民族が「一つの地方間的な、本質的には都市定住的な、いずれにせよその重点からみれば、非定住的な客人民族」へと変形していったのは、兄弟団運動を展開した「パリサイびとの指導」の結果であった。

それにもかかわらず、イエスからみれば、兄弟団運動は、「かれらがギリシア人たちとだけでなく、不浄な生活をしているユダヤ人たちとも、しかもまさにそうしたユダヤ人たちと交渉を遮断した」（G: S. 403）ところに問題があった。イエスにとっては、律法を知らず、しかもまもらない「田舎もの」、「無知のもの」にたいするパリサイびとの「神聖なもの」の「対立」こそ、もっとも深刻な問題にほかならなかった。この対立は、儀礼的なカースト遮断の限界すれすれまで最悪のものに高められた。異邦人や無知のものとの「食卓ゲマインシャフト」、通婚、結社、交際などが禁止、制限されるほど先鋭化されたという意味では、「それは一つの改革であった」。しかしウェーバーは、ユダヤ民族内部に発生した宗教的な差別に着目し、その差別に起因する「恐ろしい憎悪」にかんして、「パリサイびとにたいするナザレのイエスの怒りあふれる発言が、そのことについて十分に証拠をあたえる」とみる。そしてかれは、「それゆえ、われわれがここで直面しているのは、宗派というもの（die Sekte）である」（*Loc. cit.*）と強調する。宗派についてはのちにふれるけれども、ウェーバーが呪術的カリスマの担い手としてのイエスを、貧しい人びとを差別したパリサイ派という宗派との対立関係でとらえている点に留意しておこう。

一方、イエスとラビたちの関係はどうであろうか。ラビたちは「平民的な知識人階層」であり、かれらの世俗的な職業とならんで、助言者および儀礼的な法律発見人としての職務を「兼職として」おこなった。ラビたちは、呪術師でも秘儀伝授者でもなかった。かれらの権威は知識と知的訓練にもとづいていたのであって、呪術的カリスマにもとづいてはいなかった。これは、預言者以後のユダヤ教のなかで呪術が占めた地位の帰結であった。ユダヤ教では、呪術によって神性を拘束できるとする考えは根絶されてしまったし、呪術はタルムードでは、無条件に排斥すべきもの、しかも神を冒瀆するものとみなされた。だから呪術の経営は、律法学者であるラビたちの仕事ではなかった。

しかし、ウェーバーによると、ユダヤ教は、またパリサイ派のユダヤ教も、デーモンにたいする拘束と「奇蹟のカリスマ」をけっして否定はしなかった。福音書はユダヤ人に、しかも明らかに「律法学者たちとパリサイびとたち」にイエスから神の子キリストである「しるし」を要求させている。ウェーバーはこの点にふれながら、「奇蹟力は預言者に付着している」と強調して、つぎのように述べている。「しかし律法学者的なラビ階層は、預言者主義ときわめて当然な緊張関係のうちに生きることになるのであって、その緊張関係は、預言者のカリスマに比べて、法典に儀礼主義的に方向づけられたすべての学者の階層に固有なものである。」(G: S. 412) ここから推察しうるように、かれは、奇蹟のカリスマをもつイエスを「預言者主義」とみなし、律法学者的、儀礼主義的な主知主義に依拠するラビたちと対置させている。

このようにみてくると、つぎのようにいえるであろう。ウェーバーは、パリサイびととラビたちとの緊張関係のなかでイエスをとらえ、かれを呪術的カリスマないし奇蹟のカリスマとみなす一方、パリサイ派の宗派によってしいたげられ、パリサイびとたちから「田舎もの」、「無知のもの」とよばれた側にイエスを立たせている。それゆえ、ドイツの社会学者ミヒャエル・N・エーベルツもいうように、「要点をつかんでいえば、イエスの闘争はパリサイ的－ラビ的な選別の圧力に反対し、ガリラヤのアム・ハーアーレス（*am hā-'āres*）の傷つけられたユダヤ的なアイデンティティを克服することによって規定されていた」（W: S. 226）。ここで強調されている「アム・ハーアーレス」とは宗教的に価値の低い「大衆」を意味するけれども、エーベルツのこの鋭い指摘には、十分首肯しうるものがある。

三　イエスのエートス革命とパウロ――西洋のエートスの源流――

「宗教社会学（宗教的ゲマインシャフト関係の諸類型）」によると、イエスは、身分の低い人びとと無学な人びとが律法をとらえたのとおなじやり方で律法をとり扱い、理解した。かれのそうしたやり方は、パリサイびとたちと律法学者たちの決議論的な達人性にたいして正面から対立するものであった。イエスに独特の自負、つまり自分は神的な父祖と一つのものであって、父祖への道は自分をとおして、しかも自分をとおしてのみ開かれるという知をあたえているのは、「プロレタリア的な本能」などではない。そうではなくて、「イエスのメシア的自負の絶対的に決定的な構成要素」となっているのは、つぎのようなことなのである。すなわち、イエスがデーモン支配と強力な説教のカリスマを所有し、しかもいずれもパリサイびとと律法学者たちの意のままにならないような仕方で所有していること、さらに、かれが自己に「呪術的奇蹟力」をあたえる信仰を見出すのは、かれの故郷、家族、イスラエルの富者と身分の高い人びとにおいてではなく、貧しい人びととしいたげられた人びと、取税人、罪人、およびローマの兵士たちにおいてでさえあることなどである。

したがって、イエスには、たえずイスラエルの選びが疑問となり、神殿の意義が疑わしくなり、パリサイびとたちと律法学者たちの「永劫罰」が確信される。ウェーバーからみれば、取税人や罪人とさえ食事をともにするイエスのばあい、「すべてが『信念倫理的に』兄弟の愛の信念（Liebesgesinnung）へと体系化されている」（H: S. 362）。律法は形式的には破棄されないにしても、イエスにあっては、すべてが端的に「信念のあり方」と関係させられ、律法と預言者の全内容が「神への愛と隣人愛（Nächstenliebe）」という単純な命令と同一のものにさせられている。そして真正な信念は、その果実によって、それゆえその確証によって認識されるべきだという命題がつけ加えられる。

「パリサイびと」においても、ウェーバーはイエスの「信念倫理的な純化」に着目している。それによると、「不滅の感銘をあたえるイエスの言葉、つまり口に入っていくものは人を汚さず、口から出ていくもの、そして汚れた心から出てくるものが人を汚すという言葉は、ユダヤ教の清潔にかんする律法の儀礼主義的な凌駕ではなく、それの信念倫理的な純化がかれにとって決定的なことであったということを意味した」（G: S. 428）。ウェーバーが絶賛しているイエスの名言は、「マタイによる福音書」第一五章の第一一節にある。それは、パリサイびとと律法学者たちが、イエスの弟子たちが昔の人びとのいいつたえをまもらず、食事のときに手を洗っていなかったのをみて、イエスにその理由を問いただしたさいのかれの回答である。神への愛と隣人愛は、同福音書第二二章の第三七節と第三九節にみられるもので、律法学者が律法のなかでどの戒めが一番大切なのかとイエスに質問したさいのかれの答えである。

パリサイびとたちが安息日の休養をまもらない、いや、まもれない貧しい同胞に差別的な言葉をなげつけたのを想起するなら、イエスのこれらの言葉がもっているきわめて重要な世界史的意義がおのずから鮮明になってくるにちがいない。ウェーバーははっきりと述べているわけではないけれども、福音書にみられるこうしたイエスの言動は、タルムードのユダヤ教の胎内からキリスト教が産声をあげた瞬間であり、ユダヤ教から文化宗教が生まれてくる分水嶺であったといってよい。イエスによって強調された隣人愛は、西洋のエートスの源流であるとともに、その内実にほかならない。

イスラエルの預言者たちがつくり出したカリスマ的エートスは、宗教倫理のレヴェルでは「無条件的信頼」や「悔い改めの情のある信念」などであり、生活態度のレヴェルでは「たえず待ちわびる気分」であった。しかし、それらはもっぱら神にのみ向けられたエートスであった。

これにたいして、イエスのばあいには、神への愛も純化され、兄弟の「愛の信念」、「隣人愛」に決定的な比重が移されている。そして、すべてが信念のあり方に関係させられ、その確証をも要求されるのだから、イエスの隣人愛のエートスは、まさに「信念の中心的な『転形』」（H: S. 759）であり、「中心的な信念の方向と行為の方向の変更」（H: S. 142）以外の何ものでもなかった。そのエートスは「愛の無宇宙主義」を根本とし、「現世拒否的な」生活態度を要請するものであった。それでも、そうしたエートスは、それがつくり出す「生活態度の方向」にしたがって、「内面から革命化しながら」（H: S. 331）作用したにちがいないという意味で、エートス革命そのものだったと解することができる。イエスの「奇蹟のカリスマ」が生み出した隣人愛のエートスは、ユダヤ教の既存の「信念」自体を根底からくつがえし、変革する「信念」であった。シュルフターも力説しているように、「イエスは信仰宗教心へ導く信念革命（*Gesinnungsrevolution*）にきっかけをあたえた」（Ga: S. 16）わけである。ほかの機会に明らかにしたように、信念という言葉は、ウェーバーが用いるエートス概念の核心にあたる要語（Ta: pp. 43–44, p. 54）である。そうだとすれば、シュルフターのいう「信念革命」とはエートス革命と同義であるといえよう。

イエス復活の幻影がもろもろの「プネウマ的カリスマ」、つまり霊的カリスマの強力な爆発をもたらし、それまで信じられなかったイエス自身の家族を先頭とする教団が形成された。イエスの直弟子たちを中心とする教団である。ウェーバーが「エルサレム神殿と律法に忠実なユダヤ人キリスト教徒のナザレびと教団」といったり、「儀礼と神殿礼拝の地盤の上に厳格に立脚しているエルサレム教団」とよんだりしているものがそれである。キリスト教エルサレム教団は、ユダヤ人キリスト教徒の中心的な教団であったにもかかわらず、少なくとも神殿と律法を尊重するかぎり、パリサイ派のタルムードのユダヤ教の圏内にあった。

　イエスとは面識がなく、パリサイ派の熱心な一員であったパウロ。そのパウロが、そうしたユダヤ人キリスト教徒をみつけ次第縛りあげ、エルサレムへ急ぐ途中、イエスの幻影に接して一八〇度の回心をとげた話（『使徒行伝』第九章）はあまりにも有名である。キリスト教徒に転向したパウロは、パリサイびとから「宣教の技術と破壊しがたいゲマインシャフトの創造の技術」を学んだ。そしてかれは、パリサイ派のタルムードのユダヤ教には知られていなかった「霊と肉体」というヘレニズム的な二元論をかれの「倫理的世界像」の根本観念にすえた。

　キリスト教エルサレム教団はユダヤ人への伝道に力を入れていたけれども、教団のなかに、異邦人にも割礼を施すよう要求するものがいた。パウロは使徒たちの会議において、異邦人にもあらわれた神の奇蹟を人びとに説明し、ヤコブから異邦人に「わずらいをかけてはいけない」という結論をえる。こうしてかれは、エルサレム教団とうまく妥協し、割礼ではなく、「洗礼」と「聖餐」を重視して、「異邦人（および無割礼改宗者）伝道」を強力に展開していく。パウロがエルサレム教団と衝突し、リンチを加えられた理由は、異邦人や無割礼改宗者への伝道によるのではなく、律法と神殿に反するよう扇動したとみなされたからである。パウロはパリサイびとがつくったシナゴーグ、つまりユダヤ教の会堂で説教したし、パウロの伝道教団の中核部隊を形成したのは「無割礼改宗者の大衆」であった。このようにとらえて、ウェーバーは「パリサイびと」のなかで、「ユダヤ教はかれらにおいてキリスト教伝道に場所を準備した」(G: S. 440) と断言する。ハドリアヌス帝治下における「第二回神殿崩壊」(西暦一三五) いらい、キリスト教エルサレム教団はユダヤ教徒とともに致命的な打撃をうけ、歴史の舞台から姿を消していった。それにたいし、パウロのキリスト教団(ヘレニスタイ)はアンティオキアを拠点としていたので、偶然にも、ローマ軍によるエルサレム崩壊の難をまぬがれ、いまや、キリスト教はますます優勢を獲得していった。

ちなみに、近代資本主義の「精神」が生まれたのは、「所有の世俗化的作用」による「意図されなかった結果」であった。また仏教が世界宗教に発展しえたのも、一つの偶然が作用していた。この点、ウェーバーはキリスト教については明言していないけれども、アンティオキアにふれていることは、かれがやはり「歴史的な偶然」を重視していた証左とみてよいのではなかろうか。

かれによると、原始キリスト教にたいして途方もなく成果の多いパウロの所業(H: S. 356)は、一方で、ユダヤ教徒の聖典(『旧約聖書』)をキリスト教徒の一つの聖典となし、それによって、ギリシア的(グノーシス的)な主知主義の侵入に制限を加えることであった。他方で、それは、ユダヤ教における「律法」の特殊な作用、つまりタブー諸規範、およびユダヤ人の宗教的威厳をパーリアの地位に根拠づけた恐ろしいメシア的な約束を、地上に生まれたキリストによって一部は廃止され、一部は実現されたものとしてつき破ることであった。ウェーバー自身の言葉を使ってわかりやすくいえば、パウロの業績の意義は、「古来の預言との連続性」を保持しながら、ユダヤ人の「パーリア宗教心」を打破し、ギリシア人やローマ人などへの「異邦人伝道」(H: S. 363)という結果をもたらしたことであった。それはとりもなおさず、キリスト教の世界伝道の可能性を切り開いたことを意味する。もしもパウロがいなかったならば、イエスの「神への愛と隣人愛」という愛のエートスは西洋世界に拡散し、浸透していかなかったであろう。伝道地域の諸教団の「現世」にたいする立場にとって決定的でありつづけたのは、一方では「再臨への期待」であり、他方では「カリスマ的な『霊』の賜物の圧倒的な意義」であった。

シュルフターによれば、パウロの信徒団、つまり「エクレーシア」は、「地方的であると同時に地方間的な独特の組織」であった。そうなった理由は、すでに述べたところから察知されるであろう。シュルフターは、エクレーシアが宗派に近く、「教会」ではないと考える。パウロの諸教団は、「情緒的なゲマインシャフト関係によって持続関係の問題を解決するプネウマ的、カリスマ的な諸教団」であった。だからかれは、「第二世代の最初のキリストであるパウロは、イエスと比べて、実際には教団組織者である」(Ga: S. 34) と位置づけている。そうだとすれば、パウロの偉大さは、特殊ユダヤ的な「パーリア宗教心」を止揚して、イエスの奇蹟のカリスマと愛のエートスを西洋の歴史の初発段階で設定し、それらを血肉化させていくための制度上の基盤を築いた点に求められるであろう。

パウロの殉教いらい、キリスト教徒の教団は、西暦一八〇年ころまでには、ローマはもとより西洋の古代世界にその共通な伝統と組織を確立していった。そうしたなかで、キリスト教は、コンスタンティヌス帝(在位三二四－三三七)による三一三年のミラノ勅令によってローマ帝国内で公認され、その後、熱烈なキリスト教徒であったテオドシウス帝(在位三七九－三九五)によって三九一年に異教信仰が全面的に禁止されて、翌年には国教に昇格した。ウェーバーによると、世界を支配するローマの軍事的な官職貴族による、すべての種類のエクスターゼおよび個人的な救済方法論への没頭の拒否は、完全に実践的、政治的に方向づけられた、厳格に即物的なローマの「合理主義」の源泉の一つであった。西洋のキリスト教徒の諸教団の発展は、ローマ的な地盤の上に可能なすべての宗教心の確固とした特徴として、そうした合理主義を見出した。とくに「ローマ教団」は、完全に「意識的に、しかも首尾一貫して」その合理主義を引き継いだ。

ローマ教団はみずからの主導性において、いかなる非合理的な要素をもその宗教心や文化にもち込まなかった。この教団は、あらゆる種類の「プネウマ」の発現においても、ヘレニズム的な東方とコリント教団などよりもはるかに貧弱であった。「それにもかかわらず、しかしまさにそれゆえに、教会におけるローマ世界の最重要な相続分である、この教団の実践的に冷静な合理主義は、信仰の教義的体系化と倫理的体系化にさいして、周知のようにほとんどいたるところで決定的な影響をあたえた。」(H: S. 318) ローマ教団のうちにローマの合理主義の継受を認めるウェーバーは、この教団の「実践的に冷静な合理主義」が「信仰の教義的体系化と倫理的体系化」に重要な役割を果たしたとみている。この点は、改めて注目されてよいだろう。ローマ教団はパウロの影響のもとに形成されたもので、異邦人キリスト教徒のなかでもっとも権威をもっていた。そして、このローマ教団が一つの母体となって、ローマ・カトリック教会が形成されていく。

四　カトリック教会

ウェーバーからみれば、初期キリスト教会は社会学的にはどのように位置づけられているのだろうか。さらに、中世になって全盛をきわめることになるローマ・カトリック教会の基礎は、いかなる性格のものとして、何世紀ころ確立されたとみられているのだろうか。これらを考察するに先立って、概念上の問題をいくつか整理しておかなくてはならない。

「社会学の基礎概念」によると、「教権制的団体」とは、「自己の諸秩序の保証のために救済財の施与かまたは拒否による心理的強制（教権制的強制）が用いられるばあい、かつそのかぎりでの支配団体」であるとされる。これにたいして、「教会」とは、「自己の行政幹部が正当な教権制的強制の独占を要求するとき、かつそのかぎりでの教権制的アンシュタルト経営」(H: S. 29) であるといわれる。そのさい、教権制的団体の概念にとっては、救済財の施与が「人びとにたいする精神的支配の基礎」となりうることが決定的な特徴である。それにたいして、教会の特徴をなすのは、「(比較的) 合理的な、アンシュタルトの性格と経営の性格」であり、「要求された独占的支配」である。ドイツ語のアンシュタルトには施設とか機関などの意味があるけれども、肝要なのは、教権制的団体にしても教会にしても、いずれも支配の文脈で政治社会学的にとらえられている点である。教権制と教会が『経済と社会』第三部の「支配の諸類型」第一一章「国家と教権制」のなかでくわしく論じられているのは、そのことを物語っているといえよう。したがって、ウェーバーがカトリック教徒にふれたさいに述べたように、「信仰」は教会にたいする「服従の一形式」とみなされることになる。

西洋の教権制は、どこでも「政治的権力との緊張」のなかに生きてきたし、「一つの特殊な制約」をなしてきた。しかし、もちろんウェーバーは、「ここでは、支配が支配に、正当性が正当性に、官職カリスマがほかの官職カリスマに対立している」(H: S. 805) という。政治的権力と教会権力の関係は、世俗的支配者が、(一)、祭司によって正当化された支配者であるか、(二)、祭司職にある、それゆえ祭司としても国王の機能をつかさどる支配者であるか、(三)、皇帝教皇主義的な、すなわち固有権によって教会の諸事項にたいして最高の権力をもっている支配者であるかによってきわめて異なってくる。これらのうち、(一) と (二) が「『教権制』の二つのケース」(H: S. 780) である。本来の「神聖政治」といわれるのは第二のケースである。とりわけ教権制は、政治的権力を「正当化する力」であり、「被支配者の馴化の無比の手本」として作用する。

教権制は、教権制的に指導された自立的な官職装置をつくり出し、教会の土地所有を確保するための、自己の公課体系（十分の一税）と法形式（財団）とを発展させていく。しかし厳密にいえば、つぎのようなばあいに、教権制は「教会」に発展する。すなわち、（一）、「現世」から選別された特別の職業祭司身分が成立しているとき、（二）、教権制が「普遍主義的な」支配要求権をかかげるとき、（三）、教義と礼拝が合理化され、聖典に書き記され、注釈を加えられ、体系的に教授の対象になっているとき、（四）、これらすべてのことが「アンシュタルト的な」ゲマインシャフトのなかでおこなわれるときである。このばあい、ウェーバーからみて、すべてに決定的な点は、「人からのカリスマの分離と、制度、しかもとりわけ官職とカリスマとの結合」（H: S.783）である。こうして教会は、自己を「永遠の救済財という一種の信託遺贈の管理人」と考え、「官職カリスマの担い手かつ管理人」とみなす。

初期キリスト教会については、ウェーバーが「支配の諸類型」のなかで、「古教会」とよんで言及している個所がいくつかある。それによると、そもそも「職業」のような仕方で教会に勤務するものを経済的に保証する必要が生じていらい、原初的なものを形成したのは、供物の形で提供される共同体の資産からかれらを扶養することであった。そうした扶養の仕方は、資産を意のままにできた司教にたいする聖職者の完全な人格的服従をともなっていた。「当時のキリスト教の担い手であった都市を地盤とする古教会においては、これが通常の形式であった。」（H: S.699）したがって、聖職者の扶養の仕方からみれば、古教会は「――ほかの諸特徴とならんで――官僚制の家父長制的に変形された形式」とみなされている。おそらく、二世紀ころの初期キリスト教会が念頭におかれているのであろう。

しかし、ほかの個所でウェーバーは、古教会がきわめて早くから「特殊な権威」を獲得しており、その権威がヘレニズム的なオリエントの知的優越性に対抗してくり返し自己を主張しえたことは、「カリスマ以外の何ものでもなかった」（H: S.775）と言明している。古教会における「ローマ司教の地位」でさえ、「本質的にカリスマ的な性格」をもっていた。そして、あらゆるカリスマと同様に、ローマ司教のカリスマも、最初は「不安定な天賦の資質」とみなされた。こうしたウェーバーの見解からすると、初期キリスト教会には、教権制的団体の概念も教会の概念もあてはまらないことになろう。それなら、初期キリスト教会はどのような性格のものだったのだろうか。

この点、シュルフターの見解は、きわめて示唆に富んでいる。かれは、イエスからパウロへの移行のうちには、いかなる「日常化過程」もまだ広範囲に顧慮しえないというテーゼに立つ。そして、パウロ以後の教団の発展と初期キリスト教会をカリスマの「即物化」の概念でとらえるのである。かれによると、「日常化」は一般に、「カリスマが変形するより多くの諸形式のうちの一つ」(Ga: S. 42) と理解すべきである。カリスマの変形には、カリスマが最後には次第に終息し、それによって「伝統化ないし合理化」におきかえられる形式がある。しかしこれらとならんで、ほかの二つの変形の形式があり、それらはいずれも「カリスマの力を維持する」ものである。すなわち、一つは「制度的に制約された個人的カリスマ」であり、もう一つは「官職カリスマ」である。パウロの教団は前者に該当し、「人格カリスマ的な持続構成体」としてとらえられる。初期キリスト教会は使徒時代以後になってはじめて次第に発生するけれども、それは、後者にあたるもので、「単純に教権制ではなく、キリストのカリスマ、プネウマの即物化から生じる官職カリスマ的構成体」(Ga: S. 44) として位置づけられる。この構成体もカリスマの力を維持していたかぎり、カリスマの日常化のカテゴリーでは把握しきれないわけである。

たしかにウェーバーは、「古教会におけるカリスマ的な『預言者たち』と『教師たち』の地位は、カリスマの日常化の一般的な図式に照応して、司教たちと司祭たちの手中において進展する行政の官僚制化とともに消滅する」(H: S. 785) という。しかし、そのウェーバーがカリスマの即物化についてふれ、つぎのようにみているのも事実である。すなわち　カリスマは、「厳密に個人的な天賦の資質」から、「一、譲渡しうる、あるいは、二、個人的に取得しうる、あるいは、三、ひとりの人自体にではなく、人柄のいかんにかかわらず、官職の所持者あるいは制度的な構成体に結びつけられるような一つの性質」になる。そしてかれは、そのばあいにもなおカリスマについて語りうるのは、つぎのことによってのみ正当化されると指摘する。すなわち、「非日常的なもの、だれにでも獲得できるものではないもの、カリスマ的な被支配者の性質に比べて原理的に卓越したものという性格が依然として維持されていて、しかもまさにそのことによって、カリスマは、それが利用されうるような社会的機能に役立ちうるということ」(H: S. 771f.) である。

こうしてウェーバーは、カリスマが「維持」される即物化の例として家カリスマと種族カリスマの原理にふれたあと、官職カリスマをとり上げ、そこで古教会が「カリスマ以外の何ものでもなかった」と述べた。カリスマの日常化の図式は、使徒時代からだいぶあとの教会の発展を分析するためには有効かもしれない。しかし、初期キリスト教会の社会学的なとらえ方にかんしては、ウェーバーの叙述にあいまいさがみられるのはたしかである。なるほど、カリスマの即物化は、「官職カリスマによる、自由な、しかも制度的に制約された個人的カリスマの排除」(Ga: S. 46) とおきかえることができるとしても、ウェーバー自身が認めているように、カリスマの「維持」、つまり移転までも否定するものではない。そうであってみれば、シュルフターが試みたように、初期キリスト教会を「キリストのカリスマ、プネウマの即物化から生じる官職カリスマ的構成体」として位置づけるのが妥当であろう。

ところで、ウェーバーにとって、官職カリスマとは、血にもとづくカリスマの即物化とは異なり、「人為的、呪術的な移転可能性」にもとづく「歴史的に重要な」カリスマの即物化を意味する。そのばあい、見逃してはならないのは、カリスマを一つの「官職」そのものの保持と結びつける観念である。なぜなら、そこには、「カリスマの独特な制度化した変化」(H: S. 774)、つまりカリスマ的、個人的な啓示信仰と英雄信仰に代わって、持続構成体と伝統が支配する結果としての、「社会的構成体そのものへのカリスマの付着」へいたる推移がみられるからである。要するに、カリスマはもともとある具体的な個人にそなわっているものだけれども、そのカリスマが人から離れて、職位などのポスト、さらには組織自体へと転移していくと考えられるようになる。ウェーバーの目からみるなら、完全な発展段階においては、官職カリスマは、「ある社会制度そのものがもつ特殊な恩寵授与にたいする信仰」とひとしくなる。

神の救済財を「アンシュタルト」として管理することが、合理的に組織された祭司の「経営」となる。しかもカリスマ的な神聖性は、制度それ自体へと移っていく。ウェーバーによると、そうした移行は、「あらゆる『教会』形成に特有のもの」であり、「教会のもっとも固有な本質」である。しかし、つぎのような事態がおこらざるをえない。「ここで最高度の首尾一貫性をもって発展する官職カリスマは、不可避的に、すべての純粋に個人的な、人そのものに付着している、神への自立的な道をうながして教える、預言者的、神秘的、エクスターゼ的なカリスマのもっとも無条件な敵となる。」(H: S. 784) すなわち、官職カリスマは教会で徹底的に発展するとともに、純粋なカリスマにとっては不倶戴天の敵になってくるわけである。そうなると、教会は、「経営」の威厳を打ち壊しかねない純粋なカリスマを打倒しようとする。官職につかず、個人的にカリスマ的な奇蹟をなすものは、「異端者」ないし「呪術師」の疑いをかけられる。奇蹟は正規の経営に組み込まれた制度(たとえばミサの奇蹟)となり、カリスマ的な資格は即物化される。こうして、ひとたび官職カリスマへの発展が進行しはじめるやいなや、「神聖でない私人とその私人がつかさどる神聖な官職とを区別する特殊官僚制的な傾向」が必然的に容赦なく実現されざるをえなかった。

「宗教社会学(宗教的ゲマインシャフト関係の諸類型)」によると、「アンシュタルト恩寵」とは、つぎのようなばあいをさす。すなわち、立場上、神あるいは預言者の設立によって認証されたとする一つの「アンシュタルトゲマインシャフト」がたえず施与する「恩寵」によって救済がおこなわれるばあいである。そのゲマインシャフトは「純粋に呪術的な諸秘蹟」によって、あるいはその官吏や信奉者たちの、恩寵に効果をもっている所業の宝庫を委託使用することによって活動しうる。しかし、首尾一貫した運営にさいしては、以下の三つの命題がつねに重視されるとウェーバーはいう。「一、教会の外に救いなし（extra ecclesiam nulla salus）。恩寵アンシュタルトへの所属をとおしてのみ、人は恩寵をうけることができる。二、恩寵施与の有効性を決めるのは、秩序にしたがって付与される官職であって、祭司の個人的、カリスマ的な資質ではない。三、救済を必要とする人の個人的、宗教的な資質は、官職の恩寵施与力にたいしては原則的にどうでもよい。」（H: S. 321）わかりやすくいえば、教会に入っていれば、その組織内の官職が人を救う力をもっているので、どんな人であっても、その人の宗教的な資質に関係なく救われるということである。

したがって、救済は普遍的なものであり、修道士などの宗教的達人たちだけに解放されているわけではない。神が要求することを遂行しさえすれば、それにアンシュタルト恩寵がつけ加わって救済に十分なのだから、それは、原理的にすべての人間に解放されていなければならない。だからそのばあい、各人に要求される倫理的なおこないの水準は、平均的資質にもとづいて、しかもかなり低く評価されることになる。それ以上のことをなしとげるもの、つまり達人は、そのことによって自己の救済のほかになお、アンシュタルトのために仕事を果たしているのであり、アンシュタルトはこれをもとにして貧者にほどこす。

「これがカトリック教会の特有な立場であって、その立場は、実際にはいっそう呪術的な見解といっそう倫理的－救済論的な見解とのあいだを揺れ動きながら、教会の性格を恩寵アンシュタルトとして樹立し、数世紀のあいだの発展のうちに、最終的にはグレゴリウス大教皇いらい確定された。」（H: S. 321）この一文からは、第一に、ウェーバーがカトリック教会を「恩寵アンシュタルト」としてとらえていることがはっきりする。しかし、すでに明らかにしたところからわかるように、いっそう正確には、カトリック教会は官職カリスマ的恩寵アンシュタルトとして把握されている。第二に、グレゴリウス大教皇の在位は五九〇年から六〇四年だから、ウェーバーは、六世紀から七世紀への世紀の転回期のころにカトリック教会が官職カリスマ的恩寵アンシュタルトとしての性格を築き上げたとみている。そうであれば、さきの教会の概念は、グレゴリウス大教皇いらいのカトリック教会に、さらにそれ以降ますます隆盛をみせる中世の教会によくあてはまるといえよう。

ウェーバーの認識によると、フランスでは、革命とボナパルティズムが官僚制をまったく優勢なものにした。これにたいして、カトリック教会においては、まず封建的な中間権力の、ついですべての自立的、地方的な中間権力の排除がグレゴリウス七世（在位一〇七三－一〇八五）によってはじめられ、トリエント公会議（一五四五－一五六三）とヴァティカン公会議（一八六九）をへて、最後にピウス一〇世（在位一九〇三－一九一四）の処置によって完了した（H: S. 668）。この過程は官僚制の前進、したがって同時にいわゆる「受動的」民主化、すなわち「被支配者の平準化」を意味した。こうした教会における官僚制化の歴史をふまえた上で、ウェーバーは、「法学的に官僚制化され、しかも主知主義化された近世の教会」（H: S. 775）がはじめて、あらゆる官僚制に特徴的な「官職（『聖座から』）と私人との区別」をともなった「職務権限というもの」をつくり出したと指摘している。ちなみに、ローマ・カトリック教会では、「一三世紀の終わりいらい」（H: S. 655）、官僚主義が増大しているとみられている。

五　修道士生活と禁欲のエートス

『経済と社会』第三部の「支配の諸類型」によれば、「神聖でない私人と神聖な官職との区別という特殊官僚制的な傾向」（H: S. 785）とともに、教権制的組織にとっては、つぎのような重大問題が発生しはじめる。すなわち、「カリスマ的な神の従士団の発展」、つまり「現世」との妥協を拒否しながら、カリスマ的な創設者の神聖な要請を固持する「修道士生活」にたいして、公的な「経営」としての教会は、いかなる態度決定をなすべきかという問題である。そのさいウェーバーは、さしあたり「特殊修道士的な生活態度」の意味における「禁欲」が二つのきわめて異なった意味をもちうるとみる。

一つは、「神への個人的、直接的な道を開くことによる、自己の魂の個人的な救済」である。この意味での禁欲のばあい、カリスマの急進的な諸要求は、経済的およびそのほかの神聖でない勢力関心との妥協を要求する現世の秩序のなかではけっして実現されないであろう。だから、職業、官職、政治的およびそのほかの一切のゲマインシャフトからの「現世逃避」が客観的な事態の帰結となる。個人的カリスマは「非日常的なことを遂行する完成された禁欲者」である。こうした個人的カリスマと「救済アンシュタルト」の教権制的な諸要求とが究極的に両立しえない対立をなすことは明白である。教会は官職カリスマ的恩寵アンシュタルトとして神への道を独占しよう（「教会の外に救いなし」）とするのだから。

もう一つは、禁欲を「教会内部での特殊な『職業』遂行」とみなす「禁欲の二次的な解釈がえ」である。これは、特別に資格づけられた聖徒たちの「排他的ゲマインシャフト」としての修道士生活が教会の支配要求権と官職カリスマの排他的な意義を否定しかねないとの判断から、キリスト教会が妥協した産物であった。さしあたりまず、「清貧」、「貞潔」、「従順」からなる「福音的勧告」（„consilia evangelica“）の完全な遵守は、余剰的な業績の源として扱われる。そして、修道士たちの成果はカリスマ的には不十分な資質しかあたえられていない人びとのために、教会が宝庫として管理すると考えられた。しかし、ついで禁欲は完全に解釈し直されて、それは、みずからの方法で自己の救済をえるための手段ではなく、「教権制的な権威に奉仕する労働」に修道士を役立てるようにするための手段であるとみなされるようになった。

それにもかかわらず、みずからの特殊なカリスマを拠り所とするような禁欲は、教会には、いつまでもいかがわしいままであらざるをえなかったし、またつねにそうでありつづけた。それというのも、教会はすべての権威をその官職カリスマから導き出しているからである。しかし、教会にとっては、カリスマに依拠する禁欲をうけ入れてえられる利益のほうが大きかった。こうしてウェーバーは、つぎのようにいう。「それとともに禁欲は、修道院の小房から外に出て、現世を支配することをめざし、その競争によってその生活形式を（さまざまな程度で）官職祭司層におしつけ、被支配者（俗人）にたいする官職カリスマの管理に参加する。」（H: S. 786）ここには、教会から承認された禁欲が、「被支配者（俗人）」にたいする官職カリスマの管理に奉仕させられるとしても、教会との緊張のなかで「現世」を支配しようとする独自の道を歩みはじめることが予示されている。「支配の諸類型」で禁欲をみつめるウェーバーの視点が社会学的であることは、改めて注目されてよい。

ウェーバーは禁欲の系譜について詳細に論じているわけではない。それでも、かれは「宗教社会学（宗教的ゲマインシャフト関係の諸類型）」のなかで、断片的につぎのように述べている。

「初期キリスト教の宗教心の『禁欲的』諸要素は、けっしてユダヤ教に由来するのではなく、パウロの伝道による異邦人キリスト教徒の諸教団のなかにまさしく見出される。」（H: S. 349）

「初期キリスト教においては、禁欲者たちは、資料のなかで教団仲間のうちの特別な部類のものとしてあげられており、のちには修道会を形成する。」（H: S. 309）

これらの二つの見解に、ウェーバーが「支配の諸類型」で、「『労働』は、ずっとあとになって、しかもそのばあいにも、はじめは修道会において、禁欲の手段として名誉をあたえられるにいたった」（H: S. 800）と述べている個所を重ねあわせてみよう。そうすると、西洋における禁欲の萌芽と発展線が浮かび上がってくるであろう。つまりウェーバーは、「パウロの伝道による異邦人キリスト教徒の諸教団」のうちに、すでに「『禁欲的』諸要素」を見出し、それらの教団のなかに「特別な部類のもの」として「禁欲者たち」の存在を認める。そしてかれは、初期キリスト教の諸教団からカトリック教会と修道会の緊張に満ちた軌跡をたどり、「労働」が修道会のなかで、官職カリスマに奉仕させられる形で「禁欲の手段」として定着していったとみているわけである。

「修道士生活と教権制的官職カリスマの関係」は、いいかえるなら、禁欲と官職カリスマ的恩寵アンシュタルトの摩擦という問題にほかならない。この問題は、東方教会（ギリシア正教会）と西方教会（ローマ・カトリック教会）とでは、まったくちがった形で解決された。前者のばあいは、教権制におけるすべての上位の官職地位を修道士たちのために留保しておくことによって機械的な解決を見出した。これにたいして後者においては、修道士たちを官僚制的組織のなかに編入するにしても、かれらを「清貧」と「貞潔」によって日常の諸条件への拘束から解放され、特殊な「従順」によって訓練された、単一支配的な教会首長、つまり教皇の軍隊として編入するという解決策が首尾一貫して実行されていった。この発展は、たえず新たな教団が創設されることによって実現されていく。五二九年にベネディクトゥスによってモンテ・カッシーノに創建されたベネディクト会（西方修道制の起源）。これよりやや遅れてコルンバヌスによって設立され、「西洋教会の発展の特質」に規定的な影響をあたえたアイルランドの修道院。のちには労働を忘れ、祈りの集団となってしまった九〇九年のクリュニー修道院。一〇九八年にロベールたちの修道士によってブルゴーニュに創設されたシトー会など、枚挙にいとまがない。

このうち、ウェーバーが禁欲の点で重視しているのは、シトー会である。なぜなら、「シトー会は、堅固な地域間的な組織の最初の創造を農業労働の禁欲的な組織と結びつけた」(H: S. 786) からである。中世において、とりわけシトー会修道士たちの修道院付属農場は、それらの自営経済の点で、禁欲の合理的性格に相応して、「最初の合理的な経営」(H: S. 796) であったとみなされている。

ウェーバーからみれば、西洋の「修道士ゲマインシャフト」は、経済的には、農業と工業の領域における合理的に管理された最初の「荘園領主制」であり、しかものちにはそのように管理された最初の「労働ゲマインシャフト」(H: S. 787) となった。そのさい、かれがとりわけ注視するのは、外見上そのカリスマ的な、反合理的な、しかもとくに反経済的な基礎と絶対的に一致しない「修道士生活の合理的な事業」である。なぜならここでも、事態はカリスマの「日常化」一般のばあいと類似しているからである。すなわち、神とのエクスターゼ的、あるいは瞑想的な「合一」がカリスマ的な才能と恩寵によって到達しうるばらばらの個人の状態から、多数の人びとの努力の対象、しかもとりわけ明示しうる「禁欲の手段」によって到達しうる、したがって取得しうる恩寵状態へ発展するやいなや、禁欲は、「方法的な『経営』の対象」となっていく。

そうした方法自体は、全世界において原理上おなじであって、最古の修道士生活、つまりインドの修道士生活が展開したものと原理的には異なるところはない。ウェーバーによると、インドの修道士たちの方法論は、その諸規定の本質的な根幹において、キリスト教の修道士たちの諸規定ときわめてよく似ている。ただし、洗練がインドでは「生理学的」に、キリスト教では「心理学的」に全体としていっそう発展している点、そして、労働を「禁欲の手段」としてとり扱うことがたしかに西洋だけにみられるわけではないが、しかしやはり西洋において、はるかに首尾一貫して、しかも普遍的に発展させられ、実践された点を除いてである。それにもかかわらず、どこにおいても核心をなすのは、修道士が自分自身、および自分の被造物的な、人間としての自然な衝動や欲望にたいして無条件の支配を獲得することである。こうした内容的な目標がすでに、生活態度がますます合理化されていくことを暗示している。修道士が一つの強力な組織に結集したところでは、どこでも生活態度の合理化が生じている。つまり、叙階式とそのほかの地位の位階制、修道院とそのなかでの全生活とを詳細に規律する「修道会規則」などがあらわれてくることになる。

しかし、ウェーバーのまなざしからすれば、「托鉢」による生計費の維持は、修道士生活は経済生活のなかにおかれることになる。純粋に反経済的な手段、とりわけ「托鉢」による生計費の維持は、永続的にはもはや問題となりえない。その逆であって、「生活態度の特殊合理的な方法論」が経営のやり方にも強く影響をおよぼさざるをえない。修道士たちはまさに、「禁欲者ゲマインシャフト」として、通常の経済が達成する領域をこえるような、驚嘆すべき仕事をなしとげる能力をもっていた。だからウェーバーは、「修道士であることはいまや、信者たちのゲマインシャフトの内部における宗教的達人たちの精鋭部隊なのである」(H: S. 788) という。

一三世紀の初頭になると、中央集権的に指導された托鉢修道会の修道院が形成される。アッシジのフランチェスコによるフランシスコ会(一二〇九)や、スペインの聖人ドミニクスによるドミニコ会(一二一六)などである。たしかに、托鉢による生計費の維持は問題になりえないとしても、これらの修道院は、農業的なシトー会系の修道院とは反対に、その物的な手段を調達する本来的な、純粋にカリスマ的な形式からみて、「都市」の居住地に縛りつけられていたし、その活動の様式の点でも、市民的な諸階層の要求に適応していた。だからウェーバーは、「これらの修道会の創設によって、禁欲は、はじめて組織的な『対内伝道』のために修道院から街頭に出ていった」(H: S. 789) と断言する。財産所有の禁止と、隣人愛の移動本能を表現している「定住義務」の廃止とは、市民階層の広範な人びとを直接支配しようとする目的にたいして、これらの修道士たちの利用可能性を高めた。「第三会員」ゲマインシャフトの形での市民階層の組織的な編入は、修道士たち自身の範囲をこえて「修道会信念」（Ordensgesinnung）を広めた。「禁欲の本来の無社会的な理念、つまり個人的な救済獲得」へもどろうとする試みが、おなじような修道会によってなされた。しかしもはや、ますます強くなる、社会的に、すなわち教会そのものへの奉仕に向けられた修道士生活の全発展がかわるわけではなかった。こうして「禁欲の合理化」は、規律化に奉仕する方法論に向かって一段一段と高まりながら、イエズス会においてその頂点に達した。イエズス会はスペインのイグナティウス・デ・ロヨラや日本にキリスト教を伝えたザビエルらによって一五三四年に創立され、ヨーロッパ伝道と学校経営に力を入れるとともに、反宗教改革の中心的な役割を担った。ウェーバーによると、イエズス会においては、個人的、カリスマ的な救済告知と救済活動のあらゆるなごりが消滅している。それだけではない。救済へいたる個人の独自な道としての禁欲のあらゆる非合理的な意味とともに、非合理的な、つまりその効果を計算できないすべての手段が消え去っている。それゆえかれは、イエズス会士を念頭におきながら、「特別な誓約をとおしてローマ教皇の職座にたいする無条件の従順を義務づけられた、これらの親衛隊の援助によって、教会の支配構造の官僚制的な合理化が成就された」（H: S. 790）と記している。

しかし、ウェーバーにとっていっそう見逃すことができないのは、「生活態度の諸原則にたいする、修道士生活の一般的な『精神』の影響」であった。このようにみて、かれは「支配の諸類型」のなかで、つぎのようにつづけている。「修道士は、模範的に宗教的な人間として、――少なくとも合理化された禁欲をもった修道会、とりわけイエズス会においては――同時に、『区切られた時間』と不断の自己統制をもち、すべての無邪気な『享楽』をはねのけ、しかもその使命の目的に役立たない『人間的な』諸義務によるすべての要求を拒否して、特殊『方法的に』生活する最初の『職業人』（„Berufsmensch"）であった。」（H: S. 790）ややながい引用文だけれども、ここには、イエズス会の修道士たちを合理的な生活態度、つまり合理的なエートスによって生きる「最初の『職業人』」とみるウェーバーの鋭い洞察が示されている。かれらは教会の官僚制的な中央集権化と合理化の「道具」として奉仕し、しかも同時に、司牧者および教育者としての影響力によって、平信徒たちのあいだに類似の「信念」、つまり修道士のように生きるエートスを広めるよう予定されていた。

プロテスタンティズムの倫理にかんする論文によれば、キリスト教の禁欲には、外面的な現象からみても、その意味からみても、きわめてさまざまなものが含まれていた。それでもウェーバーは、西洋では、「禁欲は、その最高の現象形態においてはすでに中世において完全に、しかもいくつかの現象形態においては早くも古代において、合理的な性格をもっていた」（E: S. 116）と強調する。東洋の修道士生活と対比して、「西洋の修道士の生活態度がもつ世界史的な意義」はこの点にもとづいている。ウェーバーによると、西洋の禁欲は、原理的にはすでに聖ベネディクトの戒律において、それ以上にクリュニー修道士たちにおいて、さらにまたそれ以上にシトー会修道士たちにおいて、最後に決定的にはイエズス会士たちにおいて、無計画な現世逃避と達人のような苦行から解放されていた。ただし、ベネディクト会修道士戒律のいっそう古い実践においては、肉体労働は禁欲の手段としてよりも、むしろ「健康上の癒し」（H: S. 798）のように理解されていた。それでも西洋では、禁欲は「すでに中世において完全に」、「合理的な性格」をもったエートスとしてできあがっていた。

すなわち、西洋の禁欲は、中世において「合理的な生活態度の組織的に完成された方法」になっていたのである。具体的にいえば、それは、自然の状態を克服し、人間を非合理的な衝動の力と現世および自然への依存から遠ざけて、計画的な意志の支配に委ね、そのもろもろの行為を「不断の自己統制」と倫理的な意義の「熟慮」のもとにおくことを目標とするような生き方である。それによって禁欲は、修道士を――客観的には――神の国に仕える労働者として教育し、しかも――主観的には――かれの魂の救済をたしかなものとする。ウェーバーが強調するところによれば、「こうした――積極的な――自制」こそ、およそ合理的な修道士の徳行の最高形態における「目標」であったと同様に、「ピューリタニズムの決定的な実践的生活理想」（E: S. 116f.）でもあった。ただしそのさい、中世の修道士たちによって担われたエートスが「合理的な性格」のものであったとしても、そのエートスが「現世外的禁欲」のエートスであったことを銘記しておくべきであろう。

ウェーバーは「支配の諸類型」のなかで、西洋の文化発展を概観して、つぎのような印象深い記述をおこなっている。「全体からいえば、西洋の文化の特殊な発展の萌芽を担っていたのは、一方では、官職カリスマと修道士生活とのあいだの、他方では、政治的権力の封建制的かつ身分制的な契約国家的性格とそれから独立し、それとは交差している、合理的、官僚制的に形成された教権制とのあいだの、緊張と独特の調整である。」（H: S. 804）社会学的な視点からみるなら、西洋以外の文化が「統一文化」であったのにたいし、西洋の中世は統一文化である度合いがはるかに少なかったわけである。このような歴史社会学的な認識の上に立つウェーバーにとって、西洋の禁欲の系譜をとらえるばあい、「官職カリスマと修道士生活」とのあいだの「緊張」と「調整」の過程がとりわけ重要であったことはいうまでもない。

六　教会と宗派のエートス

カトリック教会の性格と歴史については簡単にふれたけれども、教会は、どのようなエートスをつくり出したのだろうか。そのエートスの本質はどこにあるのだろうか。それ以上に、教会に奉仕させられた修道士生活の「現世外的禁欲」のエートスは、どのようにして「現世内的禁欲」のエートスへと転換したのであろうか。とくに、後者の問題は「宗派」をぬきにして考えられないので、あらかじめ宗派の概念を明らかにしておこうとおもう。ウェーバーからすれば、宗派を担い手としてはじめて、現世内的禁欲のエートスはその歴史形成力を発揮しえたし、近代西洋の資本主義に固有な「資本主義的エートス」も形成されるにいたった。それほど宗派は、かれにとって重大な意義をもつ。

社会学的な意味における「宗派」とは、「小さな」宗教的ゲマインシャフトでもなければ、また何らかほかのゲマインシャフトから分裂した、それゆえ、そのゲマインシャフトによって「承認されていない」か、迫害され、異端とされているような宗教的ゲマインシャフトでもない。「そうではなくて、宗派とは、その意味と本質にしたがって必然的に普遍性を放棄せざるをえず、しかも必然的にその成員たちの完全に自由な合意にもとづかざるをえないようなゲマインシャフトである。」(H: S.812) 宗派がそうならざるをえないのは、それが、「一つの貴族主義的な構成体、つまり宗教的に完全に資格をあたえられたものたちの、しかもかれらだけの結社」であろうとするからである。

宗派は、教会とはちがって、恩寵アンシュタルトではなく、「純粋な信徒団」(„ecclesia pura") ――「ピューリタン」(„Puritaner") の名はここから来ている ――、「聖徒たちの目にみえるゲマインシャフト」であろうとする理想をもっている。宗派は、少なくとももっとも純粋な類型においては、アンシュタルト恩寵と教権制的官職カリスマを拒否する。それというのも、個々人は「特殊なプネウマ的才能」によって、あるいはかれにあたえられているか、かれによって取得されたほかの「特殊なカリスマ」によって、宗派の構成員としての資格をあたえられているからである。また、「個人は、ゲマインシャフトによって審査され、しかも確認された特殊な資格にもとづいてのみ、その成員となる」(H: S.815) ことができるからでもある。「官職カリスマにたいするピューリタン的な拒否」の根拠は、官職が即物的な必要性のために存在するのであって、そのときどきの官職保有者の下方と上方にただよって、官職保有者に何らかの霊感を反射するものではないとみなすところにある。

ウェーバーの朋友エルンスト・トレルチュによれば、宗派の独自性は、山上の垂訓の成就を要求する「厳格主義」にある。たしかにかれも、ウェーバーのとらえ方と類似した見解を示している。「宗派は、成就した、しかも意識的なキリスト教的人物たちの集まりから生じる神聖なゲマインシャフトであろうとする」(Na: S.171) と述べているからである。しかしトレルチュのばあい、「宗派類型」は「キリスト教的 - 社会学的な理念」の「自己形成」としてとらえられているので、ウェーバーの社会学的なとらえ方と比較すると、歴史哲学的な色彩を強くもっているといわざるをえない。

ウェーバーにとって、宗派をみるばあい、社会学的に重要なのは、ゲマインシャフトが有資格者を無資格者から分ける「選抜装置」であるという一つの要因である。なぜなら、選ばれたものや資格をもったものは、――少なくとも宗派の類型が純粋な形をとるばあい――神にみはなされたものとの交際をさけなければならないからである。宗派が個々人にたいしてもっている意義は、個々人の個人的資格を「認証する」ことにある。加入が認められた人には、すでにおこなわれたかれの人格の審査にもとづいて、かれが「宗教的 - 道徳的な諸要求」を満たしているという証明がすべての人とのかかわりであたえられる。このことは、審査が厳格で信頼できるとみなされており、しかも審査が経済上の重要な性質にまでおよぶときには、かれにとって経済的にも大きな影響がありうる。

宗派のこうした影響を究明しようと試みたのが、一九〇四年のアメリカ旅行での体験をふまえて書かれたプロテスタンティズムの諸宗派にかんする論文である。ウェーバーはこの論文で、つぎのように指摘している。「宗派の構成員であることは、――人がそのなかに『生み落と』され、しかも正しい人にも正しくない人にもその恩寵を輝かせるような『教会』の構成員であることとは異なって――人格にたいする倫理的な、とりわけまた営業倫理的な資格証明書を意味した。」（E: S. 211）教会のばあいと比べて、宗派の構成員であることの積極的な意味が、ここには示されている。

結論を先取りしてしまうようになるけれども、ピューリタニズムのばあい、エートスとしての「倫理的態度」は、近代資本主義の「精神」に道を開いた「生活態度の一定の方法的‐合理的な仕方」であった。「プレミアムは、ピューリタンのすべての教派においては、救済の保証の意味で神のまえに、ピューリタンの諸宗派の内部においては、社会的な自己維持の意味で人びとのまえに、『証明すること』につけられていた。」（E: S. 235）ウェーバーによると、そうした二つの証明は、同一の影響方向に向かって相互に補完しあった。つまり二つの証明は、「近代資本主義の『精神』、その特殊なエートス、すなわち近代市民階級のエートス（das Ethos des modernen Bürgertums）」が生まれ出るのを助けたわけである。このように、ウェーバーからみれば、プロテスタンティズムの諸宗派こそ、「特殊近代西洋の資本主義」に固有なエートスを分娩させる上で大きな歴史的役割を果たした。

ところで、教権制は経済するゲマインシャフトとしてよりも、「支配構造」として、しかもその特有な「倫理的生活規制」をとおして経済の領域にはるかに強く影響をあたえるのが普通である。しかし教権制は、「最強のステレオタイプ化する力」（H: S. 799）、つまり固定化する力であって、その機能の仕方の点では、まったく合理的に計算しにくい権力である。それゆえ教権制は、資本主義のような伝統に無関係な力にたいしては不可避的にもっとも強い反感をもって対立せざるをえない。ウェーバーはこうした前提の上に立っているので、中世教会の影響がきわめて大きかったとしても、その影響は「諸制度」の創造ないし阻止の領域ではなく、「信念」への影響の領域にあったとみる。

そのさいかれは、信念の領域においても、中世教会の影響は「本質的に消極的な性質」であったと考える。かれによれば、教会は、完全にすべての教権制の図式にしたがって、資本主義の力に反対して、すべての個人的、家父長制的な権威といっさいの農民的、小市民的な伝統主義的営利の支柱であったし、いまもそうである。だから、「教会が育成する信念は、非資本主義的（unkapitalistisch）であり、部分的には反資本主義的である」（H: S. 803）といわれる。そうであってみれば、カトリック教会が中世いらいつくり出してきたエートスの本質は、「非資本主義的」信念と、部分的には「反資本主義的信念」（antikapitalistische Gesinnung）のうちに求めることができる。

教会は「営利経営」をけっして厳しく批判しているのではなく、それを、「福音的勧告」にしたがうカリスマをもっていない人びと、つまり平信徒にたいしては放置しているまでのことである。しかし教会は、「職業」のようなものの究極的な使命として資本主義的な利潤をとり扱い、その職業によって自己の有能さを測定するといった、資本主義の意味での「経営」への合理的、方法的な志向性と、教会の道徳の最高の諸理想とのあいだを何ら架橋しえていないのである。教会は、職業や営利における「現世内的」道徳よりも「修道士倫理」をより高次のものとして高く評価し、それによって、日常の世界、とりわけ経済の世界で生じるすべてのことを、倫理的には低く評価されるものとして格下げしてしまう。それゆえ、ウェーバーは「支配の諸類型」のなかで、「教会が合理的、禁欲的な生活方法論、全体としての生活を一つの統一的な目標に向けていく心構えをつくり出したのは、修道士についてだけであった」（H: S. 803）という。この点は、すでに明らかにしたところからもうなずけるはずである。

プロテスタンティズムの倫理にかんする論文によれば、修道士たちとは対照的に、「中世の標準的なカトリックの平信徒は、倫理の点では、ある程度まで『その日暮らし』（»von der Hand in den Mund«）をしていた」（E: S. 113）。かれは伝統的な諸義務を誠実に実行した。しかし、それをこえるかれの「善行」は、通常、必然的に関連性のない、少なくとも「一つの生活体系へと必然的に合理化されていない一連の個々の行為」にとどまっていた。かれは、たとえば具体的な罪の「清算」のために、あるいは司牧に影響されて、あるいはかれの生涯の終わりにいわば「保険料」として、そうした行為をそのときどきに応じておこなったにすぎない。もちろん、カトリックの倫理は「『信念』倫理」であった。しかし、「個々の行為」の具体的な「志向」が行為の価値を決定した。そして、「個々の——善きにせよ悪しきにせよ——行為」が行為者の責任にされ、かれの現世と来世の運命に影響をあたえると考えられた。

たしかに教会は、理想として「原則のある生活のすごし方」を要求した。しかし教会は、その最重要な「権力手段と教育手段」の一つによって、すなわちその機能がカトリック的な宗教心の最奥の特性と深く結びついていた「悔い改めの秘蹟」、つまり懺悔によって、この要求を弱めてしまう。カトリック信徒はかれ自身の不十分さを清算する手段として、かれの教会の「秘蹟恩寵」を自由に使用できる状態にあった。逆にいえば、祭司は呪術師であって、「聖変化」の奇蹟をおこない、その手中に「鍵の権能」を握っていた。祭司は、天国の扉を開くことができるキーをもっていたのである。それゆえ、「現世の『呪術からの解放』、つまり救済手段としての呪術の排除は、カトリックの敬虔においては、ピューリタニズム（それ以前ではただユダヤ教だけ）の宗教心におけるようには首尾一貫しておこなわれなかった」（E: S.114）わけである。ウェーバーがこのようにいうのも、教会の「呪術的－秘蹟的な手段」にこそ問題があったとみているからにほかならない。

「悔い改めの秘蹟」については、『経済と社会』第三部の「支配の諸類型」でもふれられている。それによると、「秘密告解の制度」は、西洋のキリスト教会においてのみ首尾一貫して発展させられた、聖職者のもっとも強力な「権力手段」（H: S.803）である。教会は、この制度によって、俗人にたいして定期的に自己の罪を軽減する可能性をあたえる。それによって教会は、プロテスタンティズムが育成したような「現世と職業の内部で、もっぱら自己の責任において自己の生活を『方法的に』生きぬく衝動」を不可避的に弱めてしまう。たとえ俗人がそのように生きぬこうと努力しても、かれは最高の宗教的な諸理想には到達できない。それらの理想は、「『現世』の外」にあるからである。かれは自分の家族や仕事を捨てて修道士にならないかぎり、それらの理想には近づけない。

現世のもろもろの職業の内部における「カトリック的（中世的）なキリスト教徒の生活態度」は、ユダヤ人の生活態度よりも伝統と律法に拘束されることがはるかに少ない。イスラーム教徒や仏教徒の生活態度と比べてさえ、多くの点で少ないといえる。しかしウェーバーは、そのことによって一見、「資本主義のための発展の自由」が獲得されるが、そうした有利さも、現世の内部、とりわけ「経済的な営利の世界の内部における方法的な『職業』遂行への刺激」が欠けていることによって、ふたたび失われてしまうとみる。「カトリック的（中世的）なキリスト教徒」のエートスの限界は、この点に求められるであろう。そもそも、職業労働には何らの心理的なプレミアムもおかれていないのである。

「神をよろこばすことをえず」という言葉は、カトリックの信徒たちにとっては、結果としての利潤をねらった、合理的、非人格的な経営の内部における奉仕に自己の経済的な生活態度を方向づけようとする考えにたいする「最後通告」でありつづけた。だからウェーバーは、「現世を見捨てることによってのみ成就される禁欲の諸理想と、『現世』との二元論が存在しつづけている」（H: S. 803）と指摘する。別の表現を用いるなら、現世の外側での修道士たちの「『達人』-宗教心」と、現世の内部で「その日暮らし」をする「『大衆』-宗教心」との分裂がみられるわけである。教会は、修道士にかんしては合理的、禁欲的な生活態度としてのエートスを育成しえたが、平信徒にかんしては「宗教的『音痴』」（E: S. 260）の状態にしたままであった。こうした社会学的な二極分解の構造、いうなれば教会による差別が宗教改革（一五一七）の引き金の一つになっていた。

くり返すようであるが、禁欲の観点からみて「決定的なこと」は、つぎの二つである。一つは、宗教的な意味で方法的に生活する本当の人間は「修道士のみ」にすぎなかったし、そうでありつづけたことである。もう一つは、「現世内的道徳の凌駕」のなかに神聖な生活があったので、「禁欲は、それが個々人を強くとらえればとらえるほど、ますますかれらを日常生活から外へせき立てた」(E: S. 119) ことである。ルターが最初にこうしたことを廃止し、カルヴィニズムはかれからそれをたんに引き継いだにすぎないとウェーバーはいう。

ウェーバーによると、教権制からの解放の動きは、「宗教的な生活規定一般からの解放の欲望」によって支えられていたのでもなければ、「教権制的な生活規制の緩和を求める願望」によって支えられていたわりでもない。「まさにその反対が正しいのである。すなわち、改革者たちには、これまでの教権制的な影響によっては、生活の宗教的な浸透がまだ十分にいきわたっていないとおもわれたのであり、しかもこうしたことがもっともよくあてはまっていたのは、まさに市民的な諸集団においてであった。」(H: S. 807) 教会は、教皇制の原理的な反対者たち、つまり洗礼派とそれに類似の諸宗派がみずからに課していたような厳しい生活統制、禁欲、および教会規律を大胆に要求したことはかつてなかった。こうしてウェーバーは、「この地上の諸権力および罪と教権制との不可避的な同盟」のうちに、宗教改革の「決定的な誘因点」を見出す。

宗教改革そのものの意味に関連していえば、ウェーバーはプロテスタンティズムの倫理にかんする論文で、鋭い直観力をもったドイツの神秘主義思想家セバスティアン・フランクがすでに宗教改革の意義について、つぎのように述べた点に着目している。「いまやすべてのキリスト者は、その生涯をとおして修道士にならねばならなくなった。」(E: S. 119) ウェーバーは、フランクのこの洞察は宗教改革における「宗教心」の性質にかんして、まことに事態の本質をうまくとらえたものだと高く評価している。おなじくフランクを評価しているジンメルは、一八九〇年のデビュー作『社会的分化論』において、天国にたいする信者の関係を媒介するカトリック教会の祭司身分が「分業」の結果にすぎないとみて、つぎのように宗教改革をとらえた。「宗教改革はこの分業を破棄した。つまりそれは、神にたいする個人の関係を個人に返した。」(Ja: S. 273) 宗教改革のとらえ方はそれぞれ異なってはいるものの、フランクのばあいは神秘主義者としての、ジンメルにおいては社会学者としての面目躍如たるものがある。

経済的な影響という点での最重要な革新は、現世内的道徳と現世的社会秩序よりも価値が高いとされていた「福音的勧告」が廃止され、修道院と修道士の禁欲とが「善行による救済」の無益かつ危険な表現として破棄されたところにあった。カルヴァンの考えでは、人間のために神があるのではなく、神のために人間が存在するのであって、あらゆる出来事は、神の威厳の自己栄化の手段として意味をもつ。神の決断は絶対不変であるがゆえに、その恩恵は、これを神からうけたものには喪失不可能であるとともに、これを拒否されたものには獲得不可能である。すでに本書の第一章で明らかにしたように、ウェーバーは、こうした「予定説」が宗教改革時代の人びとに、「個々人の前代未聞の内面的な孤立化の感情」を抱かせずにはおかなかったとみる。説教師も、秘蹟も、教会も、最後に神さえも助けてはくれない。したがってウェーバーは、「このこと、つまり教会的‐秘蹟的救済の絶対的な欠落(ルタートゥームにおいてはまだけっしてすべての帰結にまで実行されていない)が、カトリシズムに比べて絶対的に決定的なことであった」(E: S. 94) と強調する。

カルヴィニズムの神は、個々の「善行」ではなく、「体系的方法にまで高められた善行による救済」(E: S. 114) を要求した。カトリックのような「善行」は、変更しえない神の指令にたいしては、救いの「現実根拠」としては何らの意味もありえないとされた。だからいまや、「現世の諸秩序のなかにおける個人の倫理的態度と運命」が、かれの救済状態の「認識根拠」として、個々人自身にとっても信徒の諸教団にとっても無限に重要となった。教会はどうかといえば、カルヴィニズムにおいては、それは「懲戒の鞭」にすぎず、救済アンシュタルトではない。つまり教会は、そのカリスマ的な性格を奪われ、「一つの社会的なアンシュタルト関係」(H: S. 809) にすぎなくなっている。

しかし、これもすでに第一章で指摘したけれども、カルヴィニズムは、その発展の過程である積極的なものを、つまり「現世の職業生活において信仰を証明すること」が必要であるという思想をつけ加えた。「それによって、カルヴィニズムは宗教的に志向していた人びとのいっそう広範な階層に禁欲への積極的な起動力をあたえ、しかもその倫理が予定説に固定されるとともに、現世の外側での、しかも現世をこえた修道士たちの精神的な貴族主義に代わって、現世の内部での、神によって永遠の昔から予定された聖徒たちの精神的な貴族主義が歩み出た。」(E: S. 120) こうして「『方法的』生活、つまり禁欲の合理的形式」が修道院から現世に移され、プロテスタンティズムの諸宗派のなかにエートスとして結実していった。どの教派においても、宗教的な「恩寵の地位」が一つの「身分」としてとらえられた。そして、そうした身分の保持は、「自然な」人間の生活様式とは異なった特殊な性質の「生き方」による「証明」によってのみ保証されうるとされた。

「宗教社会学（宗教的ゲマインシャフト関係の諸類型）」によれば、「全世界において禁欲的プロテスタンティズムの職業倫理だけが、現世内的な職業倫理と宗教的な救いのたしかさとの、原理的かつ体系的な不屈の統一をもたらした」(H: S. 319)。ここにおいてのみ、現世は超現世的な神の意志にしたがった「合理的行為」による義務の遂行の対象として意味をもつ。それゆえ、プロテスタンティズムの諸宗派が担ったエートスとは、経済信念のレヴェルでは、「個人の労働のまったく特殊経済的な成果のなかに神の祝福が実証されているのを認める」(H: S. 810) ことにほかならなかった。生活態度のレヴェルでは、さきにもふれたように、そのエートスは「生活態度の一定の方法的－合理的な仕方」であって、現世と職業の内部で、もっぱら自己の責任において自分の生活を「方法的に」生きぬこうとする合理的な生活態度であった。したがって、ウェーバーはプロテスタンティズムの諸宗派にかんする論文のなかで、ツンフトではなく、「禁欲的諸宗派の生活方法論だけ」が「近代の市民的 - 資本主義的エートス」の「経済的に『個人主義的な』起動力」（E: S. 236）を正当化し、しかも聖化しえたと強調している。

カルヴィニズムの禁欲と中世の修道士生活の禁欲との相違がどこにあったかは、もはや明らかであろう。それは、宗教改革で「福音的勧告」が廃止され、それによって禁欲が「純粋に現世内的」なものに転換したところにあった。しかし、修道士生活の現世外的禁欲が現世内的禁欲のエートスになりえたのは、プロテスタンティズムの諸宗派が官職カリスマ的恩寵アンシュタルトとしての教会にたいして熾烈な闘争を展開したからである。

七　西洋のエートス形成 ——「資本主義的エートス」への助走 ——

これまで、ウェーバーの残された著作を手掛りにしながら、古代ユダヤ教がキリスト教にあたえた影響からはじめて、中世のキリスト教との関連で現世内的禁欲のエートスがプロテスタンティズムによって生み出されてくるまでの歴史を概観してきた。不十分であるとはいえ、その内容は、ウェーバー自身が計画を公表していたにもかかわらず、実現できなかった西洋のキリスト教にかんするかれの構想を再現してみたものにほかならない。

では、ウェーバーの西洋のキリスト教観を西洋におけるエートスの形成過程という視点からとらえなおすとすれば、どのようになるであろうか。それは、つぎの三つの局面によって再構成することができるであろう。

第一局面は、イエスのエートス革命が西洋の歴史の初発段階で成就され、イエスの「神への愛と隣人愛」という愛のエートス、とりわけ隣人愛のエートスがパウロによって引き継がれていく過程である。ウェーバーは第二イザヤとヨエル書のなかにユダヤ教から初期キリスト教へと接続していく内在的な発展契機を認める。それとともにかれは、ユダヤ民族内部に発生した宗教的な差別、つまりエーベルツの表現を用いれば、「パリサイ的－ラビ的な選別」を重視する。そしてかれは、そうした差別を背景におきながら、一方でパリサイ派とラビたちとの緊張関係のなかでイエスをとらえ、他方でキリスト教エルサレム教団とのかかわりでパウロを考察する。ウェーバーが「イエスの怒りあふれる発言」にふれたさい、「われわれがここで直面しているのは、宗派というものである」と強調したのを想起してみよう。

ウェーバーは「社会学の基礎概念」で、「社会『関係』」とは、その意味内容にしたがって「相互に定位づけられ」、それによって方向づけられた「多数者の行動」(H: S. 13) であると定義している。その上でかれは、「両方の行為相互の関係」が最小限あることが社会関係という概念の特徴だとし、その例として、「闘争」や「敵対」などをあげている。そうであってみれば、イエスの愛のエートスは、「宗派」としてのパリサイびとやラビたちとの社会関係がなければそもそも生まれなかったであろうし、まさにかれらにたいする「闘争」のなかから形成されたといってよいであろう。西洋のエートスの源流であるイエスの愛のエートスは、ギリシアやローマの世界へと広がることができた。それはなぜかといえば、パウロがエルサレム教団との社会関係のなかで、うまく妥協し、割礼よりも洗礼と聖餐を重視したからであろう。ウェーバーは理解社会学の視点に立って、パリサイびとたちの宗派とイエス、エルサレム教団とパウロというように、「相互に」「敵対」する社会関係から西洋のエートスの発生と継承を考察していたとみてまちがいない。なお、かれがローマ教団のうちにローマの「合理主義」が継受されたとみていることも忘れてはならない。

パウロの伝道による「異邦人キリスト教徒の諸教団」から、カトリック教会と修道会が分化していく過程が第二局面である。この過程は、禁欲をめぐる教会と修道士生活との「緊張」と「調整」の過程である。初期キリスト教会は、シュルフターがいうように、「キリストのカリスマ、プネウマの即物化から生じる官職カリスマ的構成体」として位置づけられるであろう。しかし、私人と官職とを区別しようとする「特殊官僚制的な傾向」とともに、教会は官職カリスマ的恩寵アンシュタルトとしての性格を強め、自己を確立していった。そうした教会が中世いらいつくり出してきたエートスは、「非資本主義的」信念であり、部分的には「反資本主義的信念」でもある。ウェーバーははっきりと指摘していないけれども、これらのエートスに、愛のエートスが並存していたとみてよいであろう。それでも、教会は「修道士についてだけ」、「合理的、禁欲的な生活方法論」としてのエートスをつくり出すことができたにすぎない。というよりも、教会は、修道士たちがそうしたエートスを育むのを認めていたし、かれらをうまく利用していただけのことである。教会が「現世の『呪術からの解放』」を徹底的に完遂できなかった理由は、「呪術的 - 秘蹟的な手段」に依存していたからである。

一方、ウェーバーからみれば、「初期キリスト教の宗教心の『禁欲的』諸要素」は、パウロの伝道による「異邦人キリスト教徒の諸教団」のなかに見出されたし、すでにそれらの教団のうちに「禁欲者たち」が存在していた。そして、かれらが形成した修道会のなかで、労働は「禁欲の手段」として名誉をあたえられ、教会に奉仕させられる形で修道士生活のなかに定着していった。そのさい禁欲は、「すでに中世において完全に」、「合理的な性格」をもった現世外的禁欲のエートスとして完成されていた。修道士は「特殊『方法的に』生活する最初の『職業人』」だった。

ウェーバーは「西洋の文化の特殊な発展の萌芽」を担った一翼として、「官職カリスマと修道士生活とのあいだ」の「緊張と独特の調整」をあげていた。労働が「禁欲の手段」として名誉をえることができ、修道士生活のなかで定着して現世外的禁欲のエートスとなりえたのは、官職カリスマ的恩寵アンシュタルトとしての教会と「修道士生活」とのあいだの、いいかえるなら、官僚制的組織と「禁欲者ゲマインシャフト」とのあいだの「敵対」、「緊張と独特の調整」という社会関係が存在していたからにほかならない。こうした両者の社会関係には、「『達人』‐宗教心」と「『大衆』‐宗教心」との二極分解が随伴していた。修道士たちの現世外的禁欲のエートスと、平信徒たちの愛のエートスとが、反「資本主義的エートス」を共通項として、分裂した状態で共存していたのである。

第三局面は、「福音的勧告」が廃止され、市民階級の「『大衆』‐宗教心」に支持されながら、現世内的禁欲のエートスが修道士たちの現世外的禁欲のエートスに代わって生まれてくるまでの過程である。この過程に支配的だったのは、官僚制的組織にたいする宗派の「闘争」という社会関係である。かつて、パリサイ派の宗派はイエスから挑戦をうけたが、いまや、その宗派が、つまり禁欲的プロテスタンティズムの諸宗派が教会と対決し、現世のなかに「禁欲的エートス」を移しかえ、浸透させるのに成功した。そのエートスは、ピューリタンたちによって担われ、まさか「資本主義的エートス」を生み出してしまうとは予想もせずに、ゆっくりと助走しはじめた。

このようにウェーバーは、宗派あるいは教団と個人、官僚制的組織と「禁欲者ゲマインシャフト」、官僚制的組織とプロテスタンティズムの諸宗派といったように、二つの対立構造や緊張関係などの社会関係をたえず念頭におきながら、西洋のエートスの形成過程を理解社会学の立場から分析していたといえるであろう。

ウェーバーは、西洋のキリスト教を叙述する計画のなかで、西洋における禁欲の系譜をエートスの形成過程としてとらえようとはおもっていなかったかもしれない。しかし、プロテスタンティズムの倫理にかんする論文を『宗教社会学論集』に入れるにあたって、かれは新たにつけたかなりながい脚注のなかで、つぎのような文章を書き加えているのである。「プロテスタンティズムのもっぱら現世内的『禁欲』（のちの叙述をみよ！）のなかで完全に発展させられる『エートス』の萌芽は、修道士の禁欲に由来し、学僧たちによって発展させられた »industria« の観念のなかにある。」（E: S. 39）ラテン語の industria には、「活動」、「事業」などのほかに、「勤勉」の意味があるけれども、ウェーバーがかれの死の直前に書き込んだこの一文は、西洋における禁欲の系譜をエートスの形成過程としてとらえなおすことによって、かれの西洋のキリスト教観をエートスの形成過程として再構成する試みが妥当性をもっている根拠を提供しているようにおもえてならない。

ところで、シュルフターも述べているように、「ユダヤ教は合理的な現世内的行為を育成したが、禁欲主義を育成しなかった。西洋の修道士生活はなるほど禁欲主義を育んだが、合理的な現世内的行為を育てなかった。禁欲的プロテスタンティズムがはじめて両者の歴史的な遺産を関連づけた」(Ha: S. 86)。プロテスタンティズムの諸宗派によって担われた「禁欲的エートス」は、無邪気な享楽に反対し、消費、とりわけ奢侈的消費を圧殺した。その反面、そのエートスは、心理的効果の点では、「財の取得」を伝統主義的な倫理の障害からとり除き、利潤追求を合法化しただけでなく、それを神の意志にそうものとみなすことによって、利潤追求の束縛を打破してしまった。たしかに、「禁欲的節約強制による資本形成」がもたらされた。換言すれば、「中間考察」でいわれていることだけれども、それは、修道士生活についてもあてはまるように、「すべての合理的禁欲のパラドックス、つまり禁欲が拒否していた富を禁欲がみずから生み出したこと」(E: S. 545) にほかならない。しかし、勝利をとげた資本主義は、「機械の基礎」(E: S. 204) の上に安住していらい、もはや禁欲の精神の支えを必要としなくなった。

第三局面までが広い意味での西洋におけるエートスの形成過程だとすれば、第四局面は、現世内的禁欲のエートスがプロテスタンティズムの諸宗派によって担われ、近代西洋のエートス、つまり「特殊近代西洋の資本主義」に固有なエートスへと変貌していった過程である。「禁欲的エートス」は、「目的としての富の追求」は拒否しながらも、「職業労働の成果としての富の獲得」は「神の祝福」とみなすという、一見「パラドクシカルな関連」を内包させていた。そのために、「所有の世俗化的作用」が壮大な規模で進行し、「意図されなかった結果」としてベンジャミン・

フランクリンに例証されるような「(近代) 資本主義の精神」、すなわち「資本主義的エートス」を生み落とすこととなった。また「禁欲的エートス」は、『経済と社会』第三部の「支配の諸類型」でいわれているように、「資本主義(および官僚制)が必要とするような『職業人』」(H: S. 810) を養成し、讃美する方向にも作用した。

プロテスタンティズムの倫理と諸宗派にかんする二論文は、第四局面である近代西洋のエートス、つまり「近代の経済エートス」の形成過程を究明しようとした労作である。この過程をとりわけ詳細に分析したのが、プロテスタンティズムの倫理にかんする論文の第二章「禁欲的プロテスタンティズムの職業倫理」であり、その内容は本書の第一章で明らかにしたとおりである。二つの論文は、ウェーバーの西洋のキリスト教観とは区別して考えるべきなのかもしれない。ウェーバーにとっては、これらの論文こそ、かれの実質的な宗教社会学的研究の「アルファかつオメガ」にほかならないからである。かれはプロテスタンティズムの諸宗派にかんする論文のなかで、宗派の構成員たちのあいだで支配していたのは、「古代キリスト教の兄弟精神」(E: S. 231, P: S. 537) であったと述べている。そうであったとすれば、古代世界への回帰が「近代の市民的-資本主義的エートス」を期せずして生み出したことは、西洋の歴史のパラドックスであったといえよう。

引用文献

（一次的資料）

A: Weber, M., Die protestantische Ethik und der „Geist“ des Kapitalismus, in: *Archiv für Sozialwissenschaft und Sozialpolitik*, 20. Band, 1905.

B: Weber, M., *ibid.*, 21. Band, 1905.

C: Weber, M., Antikritisches Schlußwort zum „Geist des Kapitalismus“, in: *Archiv für Sozialwissenschaft und Sozialpolitik*, 31. Band, 1910.

D: Weber, M., Die Wirtschaftsethik der Weltreligionen. Religionssoziologische Skizzen. Einleitung, in: *Archiv für Sozialwissenschaft und Sozialpolitik*, 41. Band, 1916.

E: Weber, M., *Gesammelte Aufsätze zur Religionssoziologie*, Bd. I, 1920, 5. Aufl., 1963.

F: Weber, M., *Gesammelte Aufsätze zur Religionssoziologie*, Bd. II, 1921, 4. Aufl., 1966.

G: Weber, M., *Gesammelte Aufsätze zur Religionssoziologie*, Bd. III, 1921, 4. Aufl., 1966.

H: Weber, M., *Wirtschaft und Gesellschaft*, 1921–1922.

I: Weber, M., *Gesammelte Politische Schriften*, 1921, 2. Aufl., hg. von J. Winckelmann, 1958.

J: Weber, M., *Gesammelte Aufsätze zur Wissenschaftslehre*, 1922, 3. Aufl., hg. von J. Winckelmann, 1968.

K: Weber, M., *Wirtschaftsgeschichte*, 1923, zweite, unveränderte Auflage, hg. von S. Hellmann und M. Palyi, 1924.

L: Schmidt-Glintzer, H. (Hg.), Max Weber, Die Wirtschaftsethik der Weltreligionen. Konfuzianismus und Taoismus. Schriften 1915–1920; *Max Weber Gesamtausgabe*, I/19, 1989.

M: Schmidt-Glintzer, H. (Hg.), Max Weber, Die Wirtschaftsethik der Weltreligionen. Hinduismus und Buddhismus. 1916–1920; *Max Weber Gesamtausgabe*, I/20, 1996.

N: Otto, E. (Hg.), Max Weber, Wirtschaftsethik der Weltreligionen. Das antike Judentum. Schriften und Reden 1911–1920; *Max Weber Gesamtausgabe*, I/21, 1. Halbband, 2005, 2. Halbband, 2005.

O: Schluchter, W. (Hg.), Max Weber, Asketischer Protestantismus und Kapitalismus. Schriften und Reden 1904–1911; *Max Weber Gesamtausgabe*, I/9, 2014.

P: Schluchter, W. (Hg.), Max Weber, Die protestantische Ethik und der Geist des Kapitalismus / Die protestantischen Sekten und der Geist des Kapitalismus. Schriften 1904–1920 ; *Max Weber Gesamtausgabe*, I/18, 2016.

(二次的資料)

Q: Abramowski, G., *Das Geschichtsbild Max Webers*, 1966.

R: Andersen, K. /Th. Clevenger, Jr., A Summary of Experimental Research in Ethos, 1963, in: Beisecker, T. D. /D. W. Parson (eds.), *The Process of Social Influence*, 1972.

S: Baumgarten, E., *Max Weber. Werk und Person*, 1964.

T: Bendix, R., *Max Weber. An Intellectual Portrait*, 1960.

U: Bendix, R., *Max Weber–Das Werk*, 1964.

V: Collins, R., *Max Weber. A Skeleton Key*, 1986.

W: Ebertz, M. N., *Das Charisma des Gekreuzigten. Zur Soziologie der Jesusbewegung*, 1987.

X: Eisenstadt, S. N., Max Webers antikes Judentum und der Charakter der jüdischen Zivilisation, in: Schluchter, W. (Hg.), *Max Webers Studie über das antike Judentum. Interpretation und Kritik*, 1981.

Y: Hommerich, B., *Der Wille zur Herrschaft und der Hunger nach Glück. Max Webers Werk aus der Sicht der kritischen Theorie*, 1986.

Z: Marx, K., Zur Kritik der Politischen Ökonomie, 1859, in: *Karl Marx · Friedrich Engels Werke*, 13. Band, 1969.

Aa: Mühlmann, W. E., Was ist europäische Kultur ?, in: *Kölner Zeitschrift für Soziologie und Sozialpsychologie*, 4, 1951/2.

Ba: Schluchter, W., *Die Entwicklung des okzidentalen Rationalismus. Eine Analyse von Max Webers Gesellschaftsgeschichte*, 1979.

Ca: Schluchter, W. (Hg.), *Max Webers Studie über das antike Judentum. Interpretation und Kritik*, 1981.

Da: Schluchter, W. (Hg.), *Max Webers Studie über Konfuzianismus und Taoismus. Interpretation und Kritik*, 1983.

Ea: Schluchter, W., Max Webers Religionssoziologie. Eine werkgeschichtliche Rekonstruktion, in: *Kölner Zeitschrift für Soziologie und Sozialpsychologie*, 36, 1984.

Fa: Schluchter, W. (Hg.), *Max Webers Studie über Hinduismus und Buddhismus. Interpretation und Kritik*, 1984.

Ga: Schluchter, W. (Hg.), *Max Webers Sicht des antiken Christentums. Interpretation und Kritik*, 1985.

Ha: Schluchter, W. (Hg.), *Max Webers Sicht des okzidentalen Christentums. Interpretation und Kritik*, 1988.

I a: Schluchter, W., *Religion und Lebensführung*, Band 2, *Studien zu Max Webers Religions- und Herrschaftssoziologie*, 1988.

J a: Simmel, G., *Über sociale Differenzierung*, 1890, in: Dahme, H. -J. (Hg.), Georg Simmel, Aufsätze 1887 bis 1890. Über sociale Differenzierung. Die Probleme der Geschichitsphilosophie (1892); *Georg Simmel · Gesamtausgabe*, hg. von O. Rammstedt, Band 2, 1989.

Ka: Simmel, G., *Philosophie des Geldes*, 1900, in: Frisby, D. P. und K. Chr. Köhnke (Hg.), Georg Simmel, Philosophie des Geldes ; *Georg Simmel · Gesamtausgabe*, hg. von O. Rammstedt, Band 6, 1989.

La: Simmel, G., *Die Religion*, 1906.

Ma: Simmel, G., Philosophie des Abenteuers, 1910, in: Kramme, R. und A. Rammstedt (Hg.), Georg Simmel, Aufsätze und Abhandlungen 1909–1918, Band I ; *Georg Simmel · Gesamtausgabe*, hg. von O. Rammstedt, Band 12, 2001.

Na: Troeltsch, E., Das stoisch-christliche Naturrecht und das moderne profane Naturrecht, 1911, in: Ernst Troeltsch, *Gesammelte Schriften*, Bd. 4, 1925.

Oa: Weber, *Marianne., Max Weber. Ein Lebensbild*, 1926.

P a: Wilson, B. R., *The Noble Savages. The Primitive Origins of Charisma and Its Contemporary Survival*, 1975.

Qa: Zeitlin, I. M., *Ancient Judaism. Biblical Criticism from Max Weber to the present*, 1984.

Ra: Zingerle, A., *Max Weber und China*, 1972.

Sa: 阿閉吉男『ウェーバー社会学の視圏』勁草書房、一九七六。

Ta: 岡澤憲一郎『マックス・ウェーバーとエートス』文化書房博文社、一九九〇。

Ua: 岡澤憲一郎『新版 ゲオルク・ジンメルの思索 ― 社会学と哲学 ―』文化書房博文社、二〇一五。
Va: 中村元『原始仏教 その思想と生活』ＮＨＫブックス、一九七〇。
Wa: 横田理博『ウェーバーの倫理思想 ―― 比較宗教社会学に込められた倫理観』未來社、二〇一一。

ウェーバーの宗教社会学、理解社会学、支配の諸類型などにかんする邦訳文献

『宗教社会学論集』全三巻
「緒言」（「序言」）、大塚久雄・生松敬三訳『宗教社会学論選』みすず書房、一九七二、所収。

「プロテスタンティズムの倫理と資本主義の精神」、大塚久雄訳、岩波文庫、一九八九。梶山力訳、安藤英治編、未來社、一九九四。中山元訳、日経ＢＰ社、二〇一〇。

「プロテスタンティズムの教派と資本主義の精神」、中村貞二訳、『ウェーバー宗教・社会論集』世界の大思想Ⅱ-7、河出書房、一九六八、所収。

「世界諸宗教の経済倫理」

「序論」、大塚・生松訳、前掲書、所収。

「儒教と道教」、森岡弘通訳、筑摩書房、一九七〇。

「中間考察」（「宗教的現世拒否の段階と方向の理論」）、中村訳、前掲書、所収。

「ヒンドゥー教と仏教」、深沢宏訳、日貿出版社、一九八三。

「古代ユダヤ教」、内田芳明訳、全三冊、岩波文庫、一九九六。

「パリサイびと」、内田訳、前掲書、下巻、所収。

『経済と社会』（初版）

「社会学の基礎概念」（第一部第一章）、阿閉吉男・内藤莞爾訳、恒星社厚生閣、一九八七。

「支配の諸類型」（第一部第三章）、世良晃志郎訳、創文社、一九七〇。

「宗教社会学（宗教的共同体関係の諸類型）」（第二部第四章）、武藤一雄・薗田宗人・薗田坦訳、創文社、一九七六。

「支配の社会学」（邦訳タイトル）（第三部「支配の諸類型」）、世良晃志郎訳、全二冊、創文社、一九六〇、一九六二。

歴史および人物にかんする参考文献

『世界史大年表』石橋秀雄・松浦高嶺他編、山川出版社、一九九二。

『岩波 世界人名大辞典』岩波書店辞典編集部編、岩波書店、二〇一三。

人名索引

アークライト　Arkwright, R.　10
アイゼンシュタット Eisenstadt, S.N.　147-148
アシュリー　Ashley　32
アショーカ王　König Açoka　98
アブラモフスキー　Abramowski, G.　65
阿閉吉男　iii, 66, 93, 132
アモス　Amos　120, 122, 133, 139
アルジュナ　Arjuna　88
アンダーセン　Andersen, K.　70
イエス・キリスト　Jesus Christus　13, 17, 96-97, 108, 120, 158, 161-170, 174-175, 196-199
イェフダ（ユダス・マッカバイオス） yehûdāh　148
イグナティウス・デ・ロヨラ　Ignatius de Loyola　184
イザヤ　Jesaja　118, 120, 122, 137, 141, 160-161
イナトリプトラ（ナータプッタ） Inatriputra (Nataputta)　91
ヴィットフォーゲル　Wittfogel, K.A.　49
ウィルソン　Wilson, B.R.　125
ウェーバー（マリアンネ）　Weber, Marianne　34, 45
ウェスレー　Wesley, J.　28-29, 31-32
エーベルツ　Ebertz, M. N. 165, 197
エゼキエル　Hesekiel　120, 122, 133, 137
エリヤ　Elia　133
エレミヤ　Jeremia　120-122, 125, 137
オットー　Otto, E.　108, 153
オルデンベルク　Oldenberg, H.　97
カピラ　Kapila　85
カルヴァン　Calvin, J.　16-18, 25, 118, 120, 194
キュロス二世　Kyros II.　148
クリシュナ　Krischna　88-89, 100
グレゴリウス大教皇　Gregor der Große（Gregorius I.）　87, 177-178
グレゴリウス七世　Gregorius Ⅶ.　178
クレベンガー　Clevenger, Th.　70
孔子　Konfuzius　48, 73, 76
コリンズ　Collins, R.　135
コルンバヌス　Columbanus　181
コンスタンティヌス帝　Constantinus　170
サウル　Saul　129
ザビエル　Xavier, Francisco de　184
サムエル　Samuel　132
サルゴン二世　sargôn II.　136
ジェームズ一世　James I.　5
始皇帝　Schi Hoang Ti（Shih Huang-ti）　47, 77
シャンカラ　Çankara　85
シュペーナー　Spener, Philipp Jacob　22
シュミット　Schmidt-Glintzer, H.　44, 109
シュルフター　Schluchter, W.　44, 89-90, 108, 135, 148, 155, 157, 159-160, 170, 174-175, 198, 200
浄飯王　94
シラ　Sirach　12
ジンメル Simmel, G. i, 38-40, 127, 193-194

スコット　Scott, R.　iii
スティーヴンソン　Stephenson, G.　10
スミス　Smith, A.　13
荘子　Tschuang（Chuang-tzu）　75
ソクラテス　Sokrates　97
ソロモン　Salomo　107, 127, 130, 133, 136
ダウデン　Dowden, E.　29
ダビデ　David　107, 129-130, 133
張陵　Zhāng Líng　75
ツァイトリン　Zeitlin, I.M.　124-125
ツァラトゥストラ　Zarathustra　119, 157
ツィンゲルレ　Zingerle, A.　49
ツィンツェンドルフ　Zinzendorf, N. von 15
テオドシウス帝　Theodosius I.　170
デフォー　Defoe, D.　29
デボラ　Debora　129, 132
トープラー　Tobler, Mina　44
ドミニクス　Dominicus　183
トレヴィシク　Trevithick, R.　10
トレルチュ　Troeltsch, E.　110-111, 188
中村元　94, 207
ネブカドネザル二世　Nebukadnezar II. 136
バークリー　Barclay, R.　22
バーダラーヤナ　Bâdarâyana　85
バール　Baal　121, 125
バウムガルテン　Baumgarten, E.　132
パウロ　Paulus　13-14, 23, 98, 108, 162, 165, 174, 180-181, 196-198
バクスター　Baxter, R,　21-24
ハドリアヌス　Hadrian（Hadrianus）148, 162
ピウス十世　Pius X. 178
フス　Hus, J.　15
フッガー　Fugger, J.　5
仏陀（釈尊，釈迦牟尼，ゴータマ・シッダッタ）Buddha　76, 94-99, 119
プラトン　Platon　74
フランク　Franck, S.　10, 193-194
フランクリン（ジョサイア）　Franklin, Josiah　5
フランクリン（ベンジャミン）
Franklin, Benjamin　3-10, 13, 23, 28, 31, 33-34, 200-201
フランチェスコ　Francesco d'Assisi　183
ブレンターノ　Brentano, Lujo　4
フロート　Groot, J.J.M.de　77
ペティ　Petty, Sir William　30, 33
ベネディクトゥス　Benedictus de Nursia 181, 185
ヘロデ王　Herodes der Große　162
ベンディクス　Bendix, R.　52, 130
ホセア　Hosea　114
ホメリヒ　Hommerich, B.　135
マタイ　Matthäus　25, 96
マハーヴィーラ(イナトリプトラの別名)　Mahavira　92, 94
マルクス　Marx, K.　6, 16, 65-66, 132
ミカ　Micha　120, 122, 137
ミュールマン　Mühlmann, W.E.　59
ミリアム　Mirjam　132
ムハンマド　Muhammed　97, 108, 112, 119
メレディス　Meredith, H.　5-6
毛沢東　Máo Zédōng　51, 53
モーセ　Mose　112, 114, 126
ヤコブ　Jakob　168
ヤッフェ　Jaffé, Edgar　44
ヤッフェ-リヒトホーフェン
Jaffé - Richthofen, Else　44
ヤハウェ（エホバ）Jahwe（Jehova）
112-118, 124, 127-129, 132-133, 137-

146, 151-152, 156
ヨエル　Joel　161-162
横田理博　207
ヨシヤ　Josia　127
ヨブ　Hiob　25, 138-139, 154, 160-161
ラーマ　Rama（Rāma）　100
ラッハファール　Rachfahl, F.　37
リデル　Liddell, H.G.　iii
ルター　Luther, M.　10-14, 18, 118, 141, 193
レオ一〇世　Leo X.　11
老子　Laotse（Lao-tzu）　75-77, 84
ロベール　Robert de Molesme　181

事項索引

ア　行

102
パーリア資本主義の—— 26, 149, 153
非本質的—— 70
変革の—— 145
本質的—— 70
ユダヤ教の—— 149, 155
略奪資本主義の—— 70
隣人愛の—— 167, 197
えせユダヤ人たち（»Auch-Juden«） 163
オルギア（Orgie） 115
——道（Orgiastik） 121
恩寵（Gnade） 20, 87-88, 151, 176 177, 187-188, 195
——追加（opera supererogatoria） 87
秘蹟——（Sakraments____） 61, 191

カ 行

カースト（Kasten） 52-57, 77, 98, 155
——制度（____system） 46, 52, 54, 66, 98, 102
階級（Klasse, Klassen） 54, 75
西洋の市民——（»Bürgertum«） 54
開悟（Erleuchtung） 76, 86, 96, 104
階層（Schicht, Schichten） 19, 50, 64, 71, 73, 100, 122, 183
官僚——（Bürokraten____） 58
市民的な諸——（»bürgerliche« ——） 120, 183
小市民と農民の—— 34
知識人——（Intellektuellen____） 58-62, 83, 85, 91, 103, 164
読書人——（Literaten____） 58-59, 62
平民的な諸——（plebejische ——） 134, 143, 145
戒律（Gebot） 86, 92, 185
不殺生の——（—— des Nichttötens） 92
鍵の権能（Schlüsselgewalt） 191
家産制（Patrimonialismus） 46-49, 51-52, 57-59, 61, 63, 68, 69, 102
渇望（Durst） 95-96
割礼（Beschneidung） 121, 163, 168, 197
カトリック 1, 11-13, 87, 190-192
——の平信徒 190
神（Gott） 11, 14, 17-19, 23-27, 30, 35-37, 81-83, 94, 100-101, 103, 111-120, 127, 132, 137-139, 141, 146, 153-154, 156, 160-161, 166, 169, 176, 179, 185, 189, 192, 194-195, 197, 200
——人間化（____vermenschlichung） 118
——の管理人〔____es Verwalter（steward）〕 24
——の拘束（____eszwang） 113
生きている——（Thakur） 100
選びの——（Wahl____） 114
政治的－軍事的な歴史の—— 117
団体の——（Verbands____） 114
連合——（Bundes____） 112, 114
カリスマ（Charisma）56-57, 120, 125-126, 142, 162, 164-165, 167, 173-176
——の日常化（Veralltäglichung des ——） 174-175, 182
——の即物化（Versachlichung des ——） 174-175
官職——（Amts____） 61, 126, 172-176, 179-181, 186-187, 198
奇蹟の——（—— des Wunders） 164, 167, 170
種族——（Gentil____） 55-57
世襲——（Erb____） 56

カルヴィニズム 3, 15-17, 19-20, 25, 108, 118, 139, 143, 193, 194-196
官人（Mandarin） 47
官僚主義（Bürokratismus） 59, 178
官僚制（Bureaukratie, Bürokratie） 59, 60-61, 81
家産——（Patrimonial_____） 46, 48-49, 57, 61, 63
奇蹟（Wunder） 78, 112, 145, 162
ギッボーリーム（gibborim） 134, 143
気分（Stimmung） 152
たえず待ちわびる—— 144-145, 167
救済（Erlösung, Heil） 35, 62, 72, 82, 84, 88-89, 91, 95-96, 115, 138, 140, 158, 177, 179, 184
——道（marga） 86, 88
魂の——（Seelenheil） 11, 14, 61, 186
善行による——（Werkheiligkeit） 194
知識人——論（Intellektuellensoteriologie） 94
教会（Kirche）170, 172-181, 184-185, 187, 189-194, 196, 198-199
カトリック—— 171, 177-178, 181, 186, 190, 193, 197
古——（alte ——） 173-175
西方—— 181
東方—— 181
教権制（Hierokratie） 172-174, 181, 186, 189, 193
恭順（Pietät） 61, 72, 75, 79, 85
教説（Lehre） 76-77, 84-85, 88-89, 94-95, 120, 161
恩恵による選びの——（—— von der Gnadenwahl） 16
業の——（—— vom »Karman«） 67, 101, 103
読書人たちの——（»—— der Literaten«） 72
仏陀の—— 95, 119
兄弟のような親交（Verbrüderung） 53-54, 67, 127-128
教団（Gemeinde, Orden） 92, 98, 121, 123, 128, 148, 163, 170-171, 181, 199
——宗教（Ordensreligion） 99
——組織者 170
エルサレム—— 168-169, 197
キリスト教徒の諸—— 170, 180-181, 197-198
コリント—— 171
ジャイナ—— 94
ナザレびと—— 168
パウロのキリスト—— 98, 169
ローマ——（römische Gemeinde） 170-171, 197
共同宣誓（conjuratio） 67
教養（Bildung） 58-59, 73, 75
現世内的—— 102
キリスト教 3, 13, 20, 43-44, 74, 84, 87, 97-98, 108, 121-123, 150, 157-158, 160, 162, 167, 169-170, 173, 181-182, 184-185, 196-197, 198, 201
原始—— 123, 157, 159, 160-162, 169
西洋の—— 158-159, 196, 199
緊張（Spannung） 186, 197-198
勤勉 29, 199
禁欲〔苦行〕（Askese） 19, 24, 21-31, 60, 76, 86, 96, 111, 120, 132, 151, 179-182, 184-185, 192, 196, 197-200
——〔苦行〕者（Asket） 84-85, 87, 179
——的節約強制による資本形成 28, 200
——の手段 23, 27, 35, 181-182, 185,

198
キリスト教の―― 20
現世外的――（außerweltliche ――）
196
現世逃避的――（weltflüchtige ――）
62
現世内的――（innerweltliche ――）
15, 20, 28, 32, 35-37, 154, 158, 199
ジャイナ教の―― 92
空衣派（Digambara） 92
供犠祭司たち（Opferpriester） 56
グノーシス（Gnosis） 62, 86
グル → 導師
軍事指導者（Kriegsführer） 129
軍事同盟（Kriegsbund） 128
敬虔（Frömmigkeit） 113, 142-143,
152-153, 162, 191
経済（Wirtschaft） 65, 67, 77, 153-154,
182-183, 189-190
――人 28-29
――制度 7, 15
貨幣―― 48, 51, 64-65, 70
近代的な―― 45, 67
契約（Vertrag） 112, 114-115, 121,
127-129, 147
連合の――（Bundes____） 114
化身（Inkarnation） 88
人間的な――（avatar） 88
結社（Verein） 163, 189
ゲマインシャフト（Gemeinschaft） 53,
62, 79, 85, 91-92, 99, 101, 121-122,
146-147, 151-152, 168, 173, 176, 179,
183, 187-189
禁欲者――（Asketen____） 183,
198-199
食事――（Speise____） 54
食卓――（Tisch____） 163
修道士―― 182
労働―― 182
謙虚（Demut） 142
現世（Welt） 19-20, 62, 72, 82-84, 89,
103-104, 111, 117, 153, 170, 173, 179-
180, 192, 194-195
――拒否（____ablehnung） 13, 84,
104
――主義者たち（____männer） 72
――統治（____waltung） 104
――順応（____anpassung） 50, 104
――逃避（____flucht） 103, 179, 185
――の合理的な支配（rationale
Beherrschung der ――） 82
――無関心（____indifferenz） 89,
144
超――性（Über____lichkeit） 112
権力（Macht） 48, 56, 59-61, 83, 97, 172,
193
政治的――（politische ――） 60,
172, 186
政治的かつ祭司的な最高――
58-61, 70-71
業（Karman） 83-84, 86-87, 89, 92, 96, 113
行為（Handeln） 16, 23, 35-37, 50, 69, 76,
82, 89, 103, 117, 185, 190-191, 195
「価値合理的（wertrational）」――
36-37
経済的――（wirtschaftliches ――） 7,
36
現世内的―― 89-90, 92, 135, 141,
158, 200
社会的――（soziales ――） 35-37
積極的――（aktives ――） 111, 152
「目的合理的（zweckrational）」――
35-36
高貴な人間 48, 73-74, 81

ゴーサーイン（Gosain） 87, 100
合理化（Rationalisierung） 20, 38, 51, 62, 67, 77-79, 101, 115, 155, 174, 184
官僚制的な―― 184
禁欲の―― 184
経済の―― 67
生活態度の―― 9, 20, 183
合理主義（Rationalismus） 75, 90, 170-171, 197
禁欲的―― 158
経済的な―― 91
宗教的な―― 90
儒教の―― 79, 82
バラモンたちの―― 67
ピューリタニズムの―― 79, 82
個人主義（Individualismus） 17, 102
孤独（Einsamkeit） 84, 123

サ 行

サーンキャ（Samkhya）説（学派） 84-85, 87-88, 92, 94
最高存在（höchstes Wesen） 119-120
債務奴隷化（Schuldverknechtung） 131
侍（Samurai） 102
自我（Selbst） 85, 92, 95
時間（Zeit） 5, 10, 23, 25
――の浪費（____vergeudung） 23
自己完成（Selbstvollendung） 48, 74-75
氏族（Sippe） 51-53, 56-57, 67-68, 79, 84, 123, 126-127, 130-131, 133-134
――連帯（____nsolidarität） 52
シトー会 181
思念された意味（gemeinter Sinn） 35
支配（Herrschaft） 48, 69, 80, 82, 92, 101, 103, 131, 165, 172, 183, 186
――構造 46, 63, 68-71, 111, 126, 129-130, 132-133, 142, 145, 184, 189
家産制的―― 48
カリスマ的―― 125, 129, 142
スルタン制的―― 49
伝統的―― 48, 69, 142
資本主義（Kapitalismus） 3-4, 6-10, 15, 27, 36-37, 64-65, 93, 104, 150, 187, 189-190, 192, 200-201
官職暴利―― 65
近代―― 6, 9, 27, 31, 66, 68, 71, 102, 150
工業的――（gewerblicher ――） 63-64, 66-67, 71
合理的な経営―― 45, 71
国家―― 155
市民的経営―― 8, 45, 63
商業――（Handels____） 93
政治的―― 64
投機家―― 65
特殊近代西洋の―― 9, 158, 189, 200
パーリア――（Paria-Kapitalismus） 26, 155
冒険者――（»Abenteurer«-Kapitalismus） 26
略奪――（Beute____） 64-65, 155
使命（Aufgabe） 8-9, 11, 14, 74, 79-80, 124, 184, 190
ジャイナ教 90-92, 94
社会学（Soziologie） 35, 37
理解――（verstehende ――） 34-37, 197, 199
社会関係（soziale Beziehung） 125, 197, 199
社会制度 57, 63, 67-71
集会（Versammlung） 123
宗教改革（Reformation） 11-15, 19, 184,

192-194, 196
宗教心（Religiosität） 61, 71, 76, 83, 104, 111, 131, 133, 151, 167, 170, 180, 191, 193, 198
アジアの民族的な—— 104
イランおよび近東の—— 119
インドおよび中国の—— 119-200
救世主的——（»Heilands«-Religiosität） 100
宗派——（Sekten____） 60-61, 100
呪術的な—— 104
大衆——（»Massen«-Religiosität） 192, 199-200
達人——（»Virtuosen«-Religiosität） 192, 199
中国の—— 78
パーリア—— 169-170
ユダヤの—— 138
従順（Gehorsam） 61, 126, 142, 144-145, 179, 181, 184
集団（Gruppe, Gruppen） 10, 54, 162
——的（kollektiv）なもの 138
市民的な諸——（bürgerliche Kreise） 193
修道院（Kloster） 19-20, 28, 180-183, 194-195
アイルランドの—— 181
クリュニー—— 181
修道会（Mönchsorden） 28, 180, 183-184, 197
修道士（Mönch） 12, 19, 177, 179, 182-186, 190, 192-194, 198, 200
修道士生活（Mönchtum） 178-179, 181-186, 196, 197-198, 200
宗派（Sekte） 14-16, 20, 74, 78, 93, 110, 154, 163-164, 186-189, 193, 195-197, 199-200
——救済論 101
儒教 43-44, 46-47, 50, 61, 72-76, 78-82, 95, 104
出家修行者（Sramana） 84, 86-88
呪術（Magie, Zauber） 77-78, 80, 104, 110, 112-113, 115-116, 158, 164, 191
——からの解放 19-20, 38, 109, 121, 191, 198
——師（Magier） 60-62, 164, 176, 191
——憎悪（Magiefeindschaft） 121, 150, 155
——的奇蹟力（magische Wunderkraft） 165
——的－秘蹟的な手段 191, 198
——の園（Zaubergarten） 78, 104, 113
小乗教（Hinayana） 99
召命（Beruf, Berufung） 11-12, 24, 36
ショーフェティーム（Schofetim） 128-129
職業（Beruf, calling） 6-14, 19, 23-24, 30, 36, 74, 92-93, 103-104, 173, 179, 190-192, 195
——義務（Berufspflicht） 8, 24, 103
——人 184-185, 198, 201
——生活 13, 19, 24, 37, 195
現世内的な—— 104
食事の共同（Kommensalität） 54-55
所有の世俗化的作用 28, 34, 37, 39, 80, 169, 200
神義論（Theodizee） 19, 67, 138, 144
苦難の——（—— des Leidens） 160-161
個人の—— 138, 154
禍の——（Unheils____） 114
信仰（Glaube, Konfession） 11, 16, 19-20, 27, 33, 50, 76, 79, 84, 91, 127, 133, 141, 161, 171-172, 176, 195

——復興（»revival«）　28, 32
摂理——（Vorsehungsglaube）　14, 113
紳士（Gentleman）　74-75, 81
真宗（Schin-Sekte）　102
信徒団（ekklēsia）　170
純粋な——　187
信念（Gesinnung）8-10, 13, 31, 37, 40, 68-70, 110, 121, 146, 166-167, 185, 189-190
——革命　167
——の中心的な転形　167
愛の——　166-167
英雄——　132
帰依者——　142
救済——　97
悔い改めの情のある——　143, 145, 167
経済——　33, 40, 68, 75, 79, 110, 150, 154, 195
合理的——　69, 71-72, 104
合理的経済——　69, 71-72, 104
資本主義的——（kapitalistische ——）9
市民的な——　37
宗教的——　141
修道会——　184
臣民——　61
伝統的——　69-71
仲間——　142
反資本主義的——　190, 198
非資本主義的——　190, 198
変革の——　145
神秘家（Mystiker）　61, 76, 84
神秘主義（Mystik）　60-62, 90
神秘的な合一（unio mystica）　76, 117
神秘的な再合一（mystische Wiedervereinigung）86
信用（Vertrauen）　5, 79, 150
崇拝（Anbetung, Kult）　87, 90, 100, 101, 104, 113, 121, 125
生きている救世主の——　90, 101
エジプトの死者——（Totenkult）113, 115
偶像——（Idolkult, »Abgötterei«）　101, 113-114, 116, 118
聖人——（Hagiolatrie）　87
祖先——（Ahnenkult）　61, 75, 84
人間——　101
ヤハウェ——（Jahwekult）　112-113, 117, 142
救いの確証（»certitudo salutis«）　18, 86, 96
生活態度（Lebensführung）　5-6, 9-10, 21, 31, 40, 54, 68-70, 78, 79-82, 100-102, 110, 144, 167, 183-184, 189, 192, 195
——の一定の方法的－合理的な仕方　189
禁欲的な——　26, 192
現世拒否的な——　167
合理的な——　31, 72, 104, 185, 196
修道士の——　12, 185
特殊修道士的な——　179
生活方法論（Lebensmethodik）　19, 75, 78, 80-81, 96, 103-104, 190, 196, 198
合理的、禁欲的な——（rationale asketische ——）　190, 198
聖餐（Eucharistie）　168, 197
——式（Abendmal）　122
政治的構造（politische Struktur）115, 133, 140
精神（Geist）　4-5, 10, 12, 15, 29, 46-48, 54, 67, 85-86, 89, 124, 184, 200
家産制的な行政の——　69
官僚制的な労働の——　48

兄弟——（Bruder____） 201
キリスト教的禁欲の—— 31
（近代）資本主義の—— 4-9, 13-15, 26-28, 31-32, 43, 99, 101-102, 169, 189, 201
日本人の生活態度の—— 102
レンテ生活者——（Rentner____） 65, 70
生前解脱（jivanmukti） 87
正統（Orthodoxie） 75
正当性（Legitimität） 58, 172
清貧（Armut） 179, 181
ゼケーニーム（Sekenim） 123
世界像（Weltbilder） 107-110, 146, 148-149, 156
責務（Sache） 61, 74, 79, 89, 112
世襲性（Erblichkeit） 56
説教（Predigt） 21, 122, 165
善行（gute Werke） 81, 190, 194
選抜装置（Ausleseapparat） 188
洗礼（Taufe） 168, 197
創造主（Schöpfergott） 119-120

タ 行

大祭官（Oberpontifex） 58
大乗教（Mahayana） 99
態度決定（Stellungnahme） 72, 75, 122, 142
対話（Dialog） 97
道（»Tao«） 73, 76-77
托鉢（Bettel） 183
——僧 95, 100
ダルマ（Dharma） 59, 88-89
団体（Verband） 53, 56, 68, 128, 138, 146-149
教権制的—— 171-172
職業——（Berufs____） 53
政治（的）—— 53, 117, 146-148
誓約——（Eidgenossenschaft） 117, 128, 130
知識 17, 62, 75, 86-87, 89, 94, 164
治水事業（Wasserbau） 49
秩禄（Pfründe） 50-51, 64-65
——化 45, 65
——制度 50-51, 70
官職—— 64
地方分権主義（Partikularismus） 51
中心的問題（das zentrale Problem） 8
調整（Ausgleich） 186, 197-199
長命術（Makrobiotik） 76
長老制（Gerontokratie） 127, 129, 142-143
通婚（Konnubium） 53, 152, 163
ツンフト（Zunft） 53-54, 59, 195-196
貞潔（Keuschheit） 179, 181
敵対（Feindschaft） 197-198
伝統主義（Traditionalismus） 7, 13-14, 50-51, 64, 66-67
天賦の資質（Gnadengabe） 173-174
道教 60, 72, 75, 77-78
道具（Werkzeug） 48, 66, 74, 81-82, 119-120
神の—— 82, 119-120, 124
導師（Guru） 87, 90, 99-101, 103
魂の—— 87
闘争（Kampf） 28, 52, 89, 97, 110, 113, 196-197, 199
道徳（Moral） 7, 21-22, 25, 29, 61, 190, 193-1-94
——的にどうでもよいこと 153
営業——（Geschäfts____） 151
官吏—— 73
政治的な基本—— 61
俗人の—— 72
対外—— 153
対内—— 151, 153

二重――（doppelte ――） 151-152, 155
ヒンドゥー教の職業―― 103
土砂卜占術（Geomantik） 77
富（Reichtum） 23, 25, 27-29, 37, 73-74, 93, 95, 130, 200
――の獲得 27, 37, 73, 93, 200
ドミニコ会 183
どんでん返し（Peripetie） 140

ナ 行

二元論（Dualismus） 85, 152-154, 168, 192
経済倫理の―― 153-154
ニルヴァーナ（Nirvana） 86
ネビイーム（Nebijim） 121, 132

ハ 行

『バガヴァドギーター』（Bhagavadgita） 88-90, 103
パラドックス（Paradoxie） 29, 37, 200
意欲にたいする作用の―― 80
故意の――（gewollte Paradoxien） 139
合理的禁欲の―― 200
歴史の―― 146, 201
バラモン 52, 54-55, 57-58, 60-62, 71, 85-88, 97, 100
パリサイびと（派） 97, 159-160, 162-166, 168-169, 197, 199
パリサイ主義（Pharisäismus） 162
秘儀伝授者（Mystagoge） 21, 61, 98, 164
――位階制 100
秘蹟（Sakrament） 176, 194
悔い改めの――（Buß＿＿） 191
被造物神化（Kreaturvergötterung） 118
非知識人（Nichtintellektuelle） 162
美徳（Tugend） 74, 78
非武装化（Entmilitarisierung） 126, 130-135, 143, 145
――された平民たち（entmilitarisierte Plebejer） 34
秘密告解（Ohrenbeichte） 191
白衣派（Swetambara） 92-93
ピューリタニズム 4, 19, 21-26, 28-29, 31, 35, 37, 68, 79-82, 93, 108, 118, 121, 138-139, 151, 153-155, 158, 186, 189, 191
ヒンドゥー教 43-44, 46, 59, 67, 74, 83-87, 89-91, 95, 98-101, 103-104, 155
不可視性（Unsichtbarkeit） 113
福音的勧告 179, 190, 194, 196, 199
部族（Stamm） 53, 126
仏教 43-44, 72, 74-75, 86, 90-92, 94-99, 104, 169
原始―― 94-97, 99
プネウマ（Pneuma） 171
――の即物化 174-175, 198
普遍主義（Universalismus） 117, 161
ブラフマン（Brahman） 85-87, 92, 94
フランシスコ会 183
分業 13, 18, 144
ベネディクト会 181
変革（Umwälzung） 145
法悦（Seligkeit） 62, 84, 87, 96
封建制（Feudalismus） 52, 58, 69
暴利禁止（Wucherverbot） 152
牧会（Seelsorge） 18, 21
――者 21-22

マ 行

身分（Stand, status） 14, 20, 53-55, 73, 98, 173, 193, 195
――倫理 48

——宗教　95
読書人——（Literatenstand）　46, 58
無条件的信頼　142-145, 167
無償性（Unentgeltlichkeit）　122
瞑想（Kontemplation）60, 62, 76, 103, 111, 117, 120

ヤ　行

唯物史観（史的唯物論）　6, 39-40
ユダヤ教　25-26, 32, 34, 107-108, 111, 113, 118, 121, 124, 139, 142-143, 149-160, 162, 168-169, 196-197
預言（Prophetie）　19, 76, 82-83, 109-111, 119-121, 136-141, 147, 161, 169
——者（Prophet）　21, 61, 107, 111, 114, 118-120, 124, 126, 128, 133, 138-141, 145-146, 152, 161-162, 164, 166, 176
——者主義（Prophetismus）　164
使命——　119-121, 125
模範的——　76, 119-121
倫理的——　76, 82-83, 119, 125
予定説（Prädestinationslehre）　16-20, 194-195

ラ　行

ラビたち（Rabbinen）　162, 164, 197
離散民（Diaspora）　107, 147-148, 162
利子（Zins）　151, 153
律法（Gesetz）　24, 151, 163, 165-166, 168-169, 192
——学者　164-166
理念（Idee, Ideen）　37, 79, 108, 148-149
——型（Idealtypus）　16, 36
職業——　21, 24, 35
無社会的な——（asoziale Idee）　184
輪廻（Samsara）　26, 43, 46, 99, 102, 107-108, 110, 149, 152, 153-154
霊魂——（Seelenwanderung）　95
倫理（Ethik）　14, 19, 24, 27, 59-60, 71-73, 75, 80-82, 90, 95, 115, 135, 141, 155, 158, 161, 190, 195, 200
カトリックの——　191
官吏——　69
経済——　25, 43, 46, 99, 102, 107-108, 110, 149, 152-154
合理的——　33
実践——　59-60
資本主義的——　20
宗教——　43, 68-69, 110, 134, 142, 145, 149, 155, 157-158, 167
修道士——（Mönchs_____）　190
儒教の——　72-75, 80-81
職業（の）——　21, 25, 34, 74, 195, 201
信念——（Gesinnungs_____）　116-117, 143, 191
政治——　60
責任——（Verantwortungs_____）　116-117
対外——　153
対内——　153
ピューリタニズムの——　80-81
身分（的）——　48, 59, 75
無抵抗の——　161
倫理的態度（ethisches Verhalten）　40, 68, 189, 194
霊（Geist）　123, 132, 161, 168, 170
大衆現象（Massenerscheinung）としての——　162
預言者の——　161
レーエン（Lehen）　102

労働（Arbeit） 7-10, 12-13, 18-19, 23-27, 30, 35-36, 73, 80, 179, 181-182, 185, 195, 198
　営利―― 75
　工業的―― 150-151
　職業――（Berufs____） 10-14, 18, 24, 27, 35-37, 79, 192, 200

ワ 行

禍（Unheil） 115, 123, 133, 136-137, 139, 144, 146
　――の預言者（____sprophet） 133

著者紹介

岡澤 憲一郎（おかざわ　けんいちろう）

1945 年　神奈川県に生まれる

1970 年　中央大学法学部法律学科卒業

1978 年　中央大学大学院文学研究科博士課程社会学専攻満期退学

1989 年　鹿児島経済（現：鹿児島国際）大学社会学部教授

1990 年　名古屋学院大学経済学部教授

現　在　名古屋学院大学名誉教授

著　書

『マックス・ウェーバーとエートス』文化書房博文社、1990

『ゲオルク・ジンメルの思索 — 社会学と哲学 — 』文化書房博文社、2004

同上『新版』発行、2015

訳　書

アルノルト・ツィンゲルレ『マックス・ウェーバー — 影響と受容 — 』

　恒星社厚生閣、1985、共訳

ウェーバーの宗教観《しゅうきょうかん》 —— 宗教《しゅうきょう》と経済《けいざい》エートス ——

2018 年 10 月 20 日　第 1 版第 1 刷発行

著　者　岡　澤　憲　一　郎

発行者　橋　本　盛　作

発行所　株式会社 御茶の水書房

〒 113-0033 東京都文京区本郷 5-30-20

電　話　03-5684-0751

Printed in Japan　　印刷・製本／東港出版印刷㈱

ISBN 978-4-275-02098-7　C3010

ジンメルとウェーバー　阿閉吉男著　A5判・四一〇頁　価格六二〇〇円

ジンメル社会学の方法　阿閉吉男著　A5判・三九〇頁　価格六〇〇〇円

ヴァイマル共和国の宗教史と精神史　H・カンツィク編　池田昭・浅野洋監訳　A5判・四七〇頁　価格六八〇〇円

民族問題と社会民主主義　オットー・バウアー著　丸山・倉田・相田・上条・太田訳　菊判・五五〇頁　価格九〇〇〇円

移動する理論——ルカーチの思想　西角純志著　A5変・二二八頁　価格三〇〇〇円

交換と主体化——社会的交換から見た個人と社会　清家竜介著　菊判・三二六頁　価格五八〇〇円

ドイツ社会民主党の社会化論　小林勝著　菊判・六二〇頁　価格九〇〇〇円

法の哲学——ヘーゲルとその時代　堅田剛著　菊判・四三〇頁　価格八〇〇〇円

ルカーチと革命の時代——『歴史と階級意識』への道　安岡直著　菊判・二六〇頁　価格五〇〇〇円

言語としての民族——カウツキーと民族問題　相田愼一著　菊判・六二〇頁　価格九五〇〇円

クララ・ツェトキーン《増補改訂版》——ジェンダー平等と反戦の生涯　伊藤セツ著　菊判・一〇八〇頁　価格一五〇〇〇円

御茶の水書房
（価格は消費税抜き）